Petit chiot
deviendra grand chien-guide

Dorothée Lulic

Petit chiot deviendra grand chien-guide

LE LYS BLEU
ÉDITIONS

ISBN : 979-10-422-1319-0

Préface

Dans ce livre, vous allez découvrir mon parcours avec les chiens de l'École de Chiens Guides de Paris, association de loi 1901, reconnue d'intérêt général, habilitée à recevoir des dons, legs et assurances-vie.

À l'heure où j'écris ces lignes, c'est la sixième année que je suis bénévole dans cette école pour laquelle je suis famille d'accueil pour des élèves chiens-guides. L'école a pour mission d'élever, d'éduquer et de remettre gratuitement des chiens-guides à des personnes aveugles ou malvoyantes et d'assurer le suivi des binômes.

Le rôle de la famille d'accueil consiste à accueillir un chiot âgé d'à peu près trois mois pendant une durée d'environ un an. Notre mission principale consiste à emmener le chiot partout avec nous afin de le socialiser et qu'il soit à l'aise dans un maximum d'environnements, de situations et avec tous types de personnes. Pour cela, le chiot porte un dossard bleu avec un liseré jaune où il est inscrit « élève chien guide » et une carte d'identification nous est remise afin de permettre au chien de se rendre avec nous dans tous les lieux ouverts au public. En effet, la loi autorise les chiens-guides à se rendre partout : « *L'accès aux transports, aux lieux ouverts au public, ainsi qu'à ceux permettant une activité professionnelle, formatrice ou éducative est autorisé aux chiens guides d'aveugle ou d'assistance* » et « *La présence du chien guide d'aveugle ou d'assistance [...] ne doit pas entraîner de facturation supplémentaire [...]* ».[1]

Pendant toute la période où le chiot vit avec nous, nous avons des séances d'éducation à l'école des chiens-guides qui nous permettent d'avoir les conseils avisés des moniteurs et cela leur permet également de suivre l'évolution du chiot. Le chiot effectue aussi des périodes de stage à l'école où il va passer quelques jours afin de travailler avec le moniteur canin et apprendre la vie au chenil.

---

[1] Article 88 de la loi n° 87-588 du 30 juillet 1987 modifié par la loi n° 2016-1321 du 7 octobre 2016.

En plus de la socialisation, nous apprenons au chiot les règles de base telles que faire ses besoins dans les caniveaux, ne pas réclamer à table, ne pas monter sur les canapés, ne pas aboyer, etc.

Après la période en famille d'accueil, le chiot, s'il est prêt, va entrer en éducation. Il va passer environ six mois à l'école où il sera formé par un éducateur à toutes les techniques de guidage et de déplacement.

Il existe également des « familles relais » qui accueillent les chiots sur de plus courtes périodes pouvant aller d'une journée à plusieurs semaines. Le rôle des familles relais est également très important. Ces relais permettent d'adapter le chiot à une autre famille et donc un nouvel environnement. Certains relais peuvent avoir un aspect éducatif. Ainsi, un relais peut être proposé dans une famille qui utilise quotidiennement les transports en commun si sa famille d'accueil ne les utilise qu'occasionnellement, par exemple. Enfin, en cas d'urgence, si la famille d'accueil est dans l'incapacité de s'occuper du chiot, il peut être confié temporairement à une autre famille.

J'ai ainsi pu accueillir cinq chiens en tant que famille d'accueil :

- Nani : femelle Labrador sable,
- Olda : femelle Labrador sable,
- Phreeze : femelle croisée Labrador et Golden retriever sable,
- Roma : femelle Labrador sable,
- Sparrow : mâle croisé Labrador et Golden retriever sable.

J'ai également accueilli quatre chiens en relais :

- Oasis : mâle Labrador chocolat,
- Pipa : femelle labrador, croisée Golden retriever noire,
- Roan : mâle Labrador noir,
- Swing : mâle Golden retriever.

À travers cet ouvrage, je vais vous raconter mon parcours et je vais partager avec vous cette belle aventure en vous retraçant l'arrivée de Nani, ma première élève. Je vais vous relater des instants et anecdotes passés avec mes petits protégés, beaucoup d'amour, mais également des moments douloureux et plus tristes, tout ce qui fait partie de la vie.

Ce livre est pour moi un hommage à tous les fidèles compagnons avec lesquels j'ai eu la chance de partager un moment de vie.

Ajoutons que chaque année l'École de Chiens Guides de Paris remet une trentaine de chiens guides. Ils sont remis gratuitement aux personnes déficientes visuelles, mais leur formation a un coût qui est estimé à 25 000 €. L'association, qui est membre de la Fédération Française des Associations de Chiens Guides (FFAC) et de « l'International Guide Dog Federation » (IGDF), vit aujourd'hui à 95 % de la générosité du public : dons, legs, assurances-vie, mécénats financiers, partenariats avec les entreprises, etc.[2]

C'est un grand bonheur pour moi de pouvoir faire partie de cette belle chaîne de solidarité.

[2] www.chiensguidesparis.fr

Genèse

D'aussi loin que je me souvienne j'ai toujours été animée par une passion pour les chiens.

J'ai toujours eu envie d'avoir un chien, mais comme beaucoup de citadins, mes parents ne voulaient pas en entendre parler, c'était un refus catégorique. Mais la jeune fille quelque peu têtue et déterminée que j'étais ne laissa pas tomber pour autant.

Je me souviens de lorsque j'étais gamine, à l'âge de l'école maternelle, je jouais à faire le chien, je marchais à quatre pattes dans l'appartement, me prenant pour un chien. J'ai toujours eu une connexion particulière avec cet animal, parfois même plus qu'avec certains humains.

L'été, quand je partais en vacances à Saint-Raphaël avec ma sœur chez notre grand-mère, j'avais une petite peluche en forme de chien à laquelle j'avais mis un collier et une laisse et je l'emmenais avec nous à la plage.

Ma mère recevait régulièrement des courriers d'écoles de chiens-guides d'aveugles avec de très jolies photos de chiots tout mignons. Moi qui adorais les chiens, je voulais à tout prix avoir un Labrador sable, c'était mon rêve. Mais pas un chien qu'on doit rendre au bout d'un an ! Ma mère me parlait du rôle de la famille d'accueil, mais éduquer un chiot dans sa phase pipi/caca/bêtises et le rendre une fois bien élevé, non merci !

En arrivant au collège, j'avais monté tout un stratagème avec une amie et ses parents. Ils avaient ainsi pu me rapporter de la campagne un jeune chiot Épagneul breton. Évidemment je n'en avais pas parlé à mes parents afin de garantir l'effet de surprise !

Et quelle surprise ils ont eue quand je suis rentrée à la maison avec un chiot dans les bras en leur disant qu'il s'agissait là de « notre chien » !

J'avais décidé de l'appeler Nirvana, en bonne fan du fameux groupe de rock. Devant cette petite bouille de chiot de trois mois, mes parents ont cédé et ont fini par l'accepter.

Sauf que du haut de mes treize ans, je n'avais aucune idée de la façon dont on éduque un chiot et à part lui faire faire ses besoins dehors, s'asseoir et donner la patte, ce chien n'ayant pas eu une éducation appropriée, il n'en faisait qu'à sa tête. D'autant plus que la race a des besoins spécifiques, les Épagneuls bretons étant des chiens d'arrêt, donc des chiens de chasse, ils ont besoin de beaucoup se dépenser et ne sont pas adaptés à la vie en ville, en appartement. Il était adorable, mais il a absolument tout détruit chez mes parents, ne supportant pas de rester seul. Ainsi les CD, télécommandes, livres et tout objet à sa portée s'est transformé en œuvre d'art, du « canin'art ».

On garda Nirvana une petite année et c'est finalement un ami de mon père qui habite à la campagne qui le récupéra. Il put ainsi profiter des grands espaces quotidiennement et se dépenser sans compter.

OK mes parents ne veulent pas de chien, cette fois-ci c'est bien enregistré.

Alors quand à vingt et un ans j'ai eu mon premier appartement, qu'est-ce que j'ai fait ? Bingo ! J'ai pris un chien ! Oui, mais voilà, à cette époque, encore l'esprit rebelle, ce n'est pas un petit chien que j'ai pris, mais un American Staffordshire Terrier, autrement dit un « staff », que j'ai nommé Bronx.

Toujours sans aucune notion d'éducation canine, mais après la première expérience avec Nirvana, je me suis un peu documentée tout de même. Bronx ne faisait aucun dégât dans l'appartement. En revanche, c'était un mâle et il pouvait se montrer agressif envers les autres mâles de son gabarit. Il était aussi ce qu'on appelle un chien réactif. Il était super gentil, mais il pouvait se mettre à aboyer si une personne avait par exemple un parapluie, une canne, ou une démarche inhabituelle, tout ce qui sort de l'ordinaire. C'est très difficile de gérer un chien réactif sur le long terme, car plus votre chien est réactif, moins vous osez le sortir dans les endroits très fréquentés et donc moins vous pouvez créer chez lui un phénomène d'habituation et vous avez tendance à vous isoler avec votre chien, même le travail avec un éducateur n'aura pas pu en venir à bout. Bronx partira au paradis des chiens l'année de ses six ans.

Je décidai de ne pas reprendre de chien, j'avais mûri, j'étais devenue plus responsable et reprendre un chien, ce n'était pas raisonnable. Je travaille toute la journée, avoir un chien pour qu'il reste seul, enfermé la journée à attendre mon retour, ce n'est pas sensé.

Les années passent, je deviens maman.

Puis je me retrouve à élever seule mon fils, des journées à cent à l'heure, à courir à droite à gauche, la vie de mère célibataire quoi !

Et là, ma mère m'apprend qu'une voisine dans l'immeuble où habitent mes parents, là où j'ai grandi, est famille d'accueil pour un élève chien-guide d'aveugle. Je suis très intriguée et j'ai bien envie de la rencontrer. C'est lors d'une fête de Noël des locataires de l'immeuble que je la croise enfin avec sa chienne Mara. J'en profite pour lui poser plein de questions :

« Vous l'avez depuis combien de temps ? Comment elle s'appelle ? Elle a quel âge ? Vous l'emmenez partout ? Et comment se passe l'engagement avec l'école ? Et à votre travail ? » blablabla… La pauvre, je l'ai assaillie de questions ! Et ça, je découvrirai plus tard que ça fait aussi partie du rôle de famille d'accueil : répondre aux interrogations des personnes que l'on croise sur notre chemin.

C'est ainsi qu'elle m'explique qu'il faut se rendre à des cours d'éducation avec un éducateur de l'école des chiens-guides, c'est dans le bois de Vincennes, tous les quinze jours environ. À ce moment-là, je me dis qu'en fait c'est impossible pour moi. Je travaille à plein temps, j'élève seule mon fils, même si je trouve le projet génial, ce n'est pas possible dans ma situation.

La réflexion

Quelques mois passent, mais ce projet de devenir famille d'accueil ne me quitte pas pour autant. Je décide alors de faire des petites recherches de mon côté. Je consulte les sites Internet des écoles, me renseigne un peu partout sur les sites et réseaux sociaux. Je fais le point sur mes disponibilités :

« C'est vrai que je bosse beaucoup, mais je cumule pas mal de RTT ce qui me permettrait de me rendre disponible pour les séances d'éducation.

— Mon fils grandit, il va avoir six ans, il peut rester seul dix minutes à la maison le temps que je sorte le chien pour lui faire faire ses besoins.

— Le bois de Vincennes ce n'est pas à côté, mais bon, j'ai la voiture, c'est faisable. »

Ça chemine petit à petit dans ma tête.

Et finalement je décide de m'inscrire à une réunion d'information à l'École de Chiens Guides de Paris.

Cette réunion se déroule un samedi matin. Une monitrice nous explique le rôle des familles d'accueil et des familles relais, tout ce qu'on devra faire avec notre chien : l'emmener partout, ne pas le laisser seul plus de trois heures, se rendre à des séances d'obéissance à l'école, ne pas habiter au-delà du deuxième étage sans ascenseur pour préserver les articulations de nos petits protégés. Beaucoup de questions sur les textes de loi, comment gérer le refus d'accès, comment prévenir son employeur, comment faire quand on part en vacances, le suivi vétérinaire, etc. Elle nous présente plusieurs chiens de plusieurs races différentes ; principalement des labradors, mais aussi un berger allemand.

J'écoute cette présentation et prends le plus de notes possible. Cette réunion aura fini par me décider. Cette fois-ci, c'est sûr, je veux devenir famille d'accueil !

Déterminée comme je suis, vous commencez à me cerner maintenant, plus rien ne pourra m'arrêter.

Les démarches et l'annonce à l'entourage

À la fin de la réunion de présentation à l'école des chiens-guides, un dossier nous a été remis afin de soumettre à l'école notre candidature pour devenir famille d'accueil en détaillant notre mode de vie, nos habitudes, la composition du foyer, notre profession, etc., et en ajoutant une photo de la famille.

J'apporte le plus grand soin dans la rédaction de ce dossier, aussi important à mes yeux que si je postulais pour le job de mes rêves.

Par la même occasion, il fallait que je prévienne mon entourage, à commencer par mon employeur. Et oui c'est peu banal de venir avec un chien au travail. Alors je me prépare sur la manière d'aborder le sujet avec ma directrice, je rédige également un courrier pour le président de l'association qui m'emploie. Étant donné que je travaille dans une structure d'accompagnement social et professionnel, il n'y a aucune raison que la direction ne soit pas favorable au projet. D'autant plus que légalement les chiens-guides et élèves chiens-guides sont autorisés dans tous les lieux ouverts au public et centres de formation. Et en effet, l'entretien se passe bien, ma directrice est surprise, évidemment, mais d'accord avec mon projet.

Parallèlement j'en informe mes proches. Tout d'abord ma famille, où je reçus un accueil plutôt mitigé :

« Mais comment tu vas faire avec ton fils ?

— Et quand tu seras fatiguée, tu devras quand même le sortir !

— Le sortir l'hiver la nuit dans le froid, tu vas tomber malade, toi qui as la santé fragile.

— Et comment tu vas faire pour les vacances ?

— Et ton travail, tu crois vraiment qu'ils vont accepter que tu viennes tous les jours avec ton chien ?

— Non, vraiment ce n'est pas raisonnable, ce n'est pas pour toi. »

L'annonce de la nouvelle ne les a pas forcément enchantés. Avec le recul je pense qu'ils se sont surtout inquiétés pour moi. Ou bien ils ont pensé que c'était une nouvelle crise de ma part, genre caprice d'ado devenue adulte.

Je comprendrai plus tard que toutes ces craintes dont ils m'ont fait part sont en réalité le reflet de leurs propres angoisses. Les gens se projettent à votre place et vous renvoient leurs propres peurs.

Auprès de mes amis, l'accueil a été un peu plus chaleureux, dans l'expectative, la plupart me félicitant pour cette décision. Cependant, une de mes plus proches amies n'est pas à l'aise avec les animaux et a peur des chiens, elle n'était donc pas très enthousiaste, même si elle trouve l'idée géniale.

L’attente et la réponse

Ça y est le dossier est complet, je l’ai lu et relu, pas de faute, prêt à être envoyé, c’est parti ! Je le dépose soigneusement dans la boîte aux lettres la veille de mon départ en vacances mi-juillet 2017.

Pendant les vacances, je continue mes recherches sur les chiens-guides, je trouve plusieurs comptes de familles d’accueil sur les réseaux sociaux. Je commence à me projeter avec le chien au travail, à la maison, en faisant mes courses, etc.

Je commence à acheter les équipements nécessaires : gamelles, tapis, jouets, etc. Comme une vraie gestation, je prépare au mieux l’arrivée du bébé.

La patience ne faisant pas vraiment partie de mes qualités intrinsèques, cette période d’attente sans savoir quand je serai contactée me paraît affreusement longue. Et pourtant, je n’ai pas eu tant de temps que ça à patienter puisque c’est début octobre que je reçois un appel de l’école de Chiens Guides de Paris pour m’informer qu’ils ont un chiot pour moi et qu’ils vont m’envoyer un email avec toutes les informations nécessaires.

Je tremble d’excitation à l’idée de découvrir le mail. C’est ainsi que j’apprends que c’est Nani qui va arriver dans ma vie, une petite femelle Labrador sable âgée de trois mois. J’ai tellement hâte de la rencontrer !

Maintenant que c’est du concret, il faut avertir les proches de l’arrivée imminente de ma petite protégée.

Je préviens mon fils qui est impatient également, bien qu’assez méfiant envers les chiens. En effet, il n’est pas très à l’aise avec eux depuis qu’un jour, alors qu’il avait environ deux ans et que nous étions dans l'ascenseur avec la voisine qui avait un chien très âgé, celui-ci s'est mis à aboyer à son visage. Depuis ce jour-là, il se méfie des poilus.

Je lui explique bien que ce ne sera pas notre chien, qu'on le garde avec nous un an jusqu'à ce qu'il soit adulte et ensuite il faudra le rendre à l'école.

Il faut également prévenir le travail. J'avais prévenu la direction en amont de ma démarche, mais maintenant que j'ai une date il faut qu'on prévienne les collègues également. C'est alors qu'avec la complicité de la directrice adjointe, j'avais mis en place un petit stratagème afin de garantir l'effet de surprise. Tous les jeudis, nous nous réunissons pour notre réunion d'équipe. Sur l'ordre du jour, envoyé en amont de la réunion, pour indiquer le sujet on avait noté « accueil d'un nouveau stagiaire ». Lors de la réunion, le sujet à l'ordre du jour arrive enfin. Je prends la parole, j'explique que je vais accueillir un nouveau stagiaire, un stage d'observation d'une année environ, je laisse monter le suspens… je vois mes collègues faire de drôles de têtes, me poser plein de questions sur ce « stagiaire » et enfin je lâche le morceau : « en fait ce stagiaire c'est un chien ! Je vais accueillir un futur chien-guide d'aveugle ! » Il s'en suit toute une série de questions et surtout un grand étonnement et beaucoup d'enthousiasme.

La remise

Le jour arrive enfin. Avant chaque remise, j'ai toujours la même excitation. Cette impatience comme quand j'étais gamine et que j'attendais le jour de Noël pour avoir enfin le cadeau tant désiré !

Nani m'a été remise le vendredi 13 octobre 2017, date que je ne peux pas oublier ! C'est le début d'une longue et belle aventure avec les chiens-guides.

Lors du rendez-vous de remise à l'École de Chiens Guides de Paris, nous sommes quatre familles d'accueil. Avant de nous faire rencontrer les chiots, la monitrice nous explique comment va se passer l'arrivée du chiot à la maison, les règles que l'on doit mettre en place très rapidement, les erreurs à éviter, etc.

Une des premières choses à leur apprendre est de faire les besoins dehors et dans les caniveaux, petits et gros besoins. Je ne pensais même pas qu'on pouvait apprendre à un chien à faire pipi dans les caniveaux ! Quand j'avais mon chien Bronx, je lui avais appris à faire les gros besoins dans les caniveaux donc pour ça pas trop d'inquiétude, mais pour le pipi je ne pensais pas que c'était possible, surtout pour un mâle. Et ça c'est à nous, la famille d'accueil, de leur apprendre.

Comme autre exemple de règle à mettre en place dès les premiers jours : ne pas dormir dans la chambre, ne pas le laisser monter sur les canapés, ne pas réclamer à table, ne pas le laisser mordiller, ni sauter, etc. Les chiots mangent trois fois par jour jusqu'à six mois, ensuite ils auront deux repas, il faudra les faire asseoir avant de manger puis petit à petit ils ne mangeront qu'une fois qu'on leur donne l'ordre : « Prends ! »

On nous remet également un livret d'accueil du chiot et un livret de suivi que nous aurons à remplir. Dans ce livret, on notera nos rendez-vous à l'école pour les séances de travail, les dates des vaccins, vermifuges et antiparasitaires, des évaluations dans l'apprentissage du chiot seront également à compléter.

La pression monte, je commence à sentir que la mission n'est pas si simple, il va falloir bosser avec le chien, prendre le temps pour tous ces apprentissages. C'est une grande responsabilité.

On convient d'une prochaine date de rendez-vous à l'école, d'ici une semaine environ, pour faire le suivi de ces premiers jours avec nos chiots.

Et enfin, en toute fin de réunion, la monitrice nous ramène les bébés. Grand moment d'euphorie, tout le monde est en extase devant ces merveilleuses boules de poils, les chiots semblent aussi excités que nous lors de cette rencontre. Et enfin, c'est l'heure de rentrer chacun chez soi avec son chiot.

Les premières fois

J'ai l'impression, comme après un accouchement, de rentrer enfin à la maison avec mon bébé.

Entre excitation et crainte de ne pas savoir comment m'y prendre, j'ai envie de la prendre en photo toutes les trois secondes, de la prendre dans les bras, de l'embrasser. Mais ce n'est pas si simple de se retrouver seule avec un chiot, même quand on a déjà eu un chien. Heureusement on est vendredi, je vais avoir tout le week-end pour qu'on s'habitue l'une à l'autre avant d'aller au bureau.

Premier pipi par terre, logique, il faudra sortir toutes les 1 h 30 à 2 h pour éviter qu'elle fasse pipi à la maison et surtout la sortir dès qu'elle se réveille et juste après avoir mangé ou bu ou une phase de jeu. C'est comme ça que tu te retrouves toutes les 2 h à sortir devant la maison avec ta jeune chienne dans les bras, la déposer dans les caniveaux et lui répéter « les besoins, les besoins » d'une petite voix aiguë pour la motiver. Et puis quand enfin elle arrive à faire ce que tu attends d'elle, la féliciter : « Oui, bravo Nani, c'est bien mon chien », et lui remettre ses récompenses. Bref, très vite vous apprenez à ne plus avoir peur du ridicule !

Autant vous dire que les premières nuits sont courtes. Généralement le chiot qui vient d'être séparé de ses frères et sœurs n'apprécie pas que vous le laissiez seul dans une pièce toute la nuit. Alors, ce que je fais avec chaque nouveau chiot, je lui laisse le couloir uniquement, je lui mets son tapis juste derrière la porte de la chambre comme ça je peux lui parler, le rassurer et généralement ça marche bien. Bien sûr, dès que j'entends le moindre bruit pendant la nuit je me lève pour voir si tout va bien, si le chiot n'est pas en train de grignoter un meuble ou de faire une bêtise, ou s'il n'a pas fait pipi… Et le matin, à peine le temps d'ouvrir les yeux, la première chose à faire est d'enfiler son jogging pour sortir le bébé afin d'éviter un pipi à la maison.

Très vite tous les chiots que j'ai eus sont devenus propres la nuit.

Vient ensuite la présentation à la famille. Mon fils est assez prudent au début avec Nani, toujours sur la réserve, même s'il la trouve craquante. Et puis très vite, au bout de quelques jours à peine, c'est le grand amour. Sa peur des chiens aura entièrement disparu.

Auprès de mes parents et du reste de la famille les présentations se sont très bien passées également. Les chiots sont toujours bien accueillis. Et finalement les appréhensions que pouvaient avoir mes parents ou ma grand-mère sur comment j'allais gérer mon organisation personnelle avec l'arrivée du chien, se sont progressivement dissipées. Maintenant, quand je me rends chez mes parents, les chiens ont leur gamelle d'eau et leurs jouets à disposition, de même chez ma grand-mère qui leur a confectionné une petite couverture et quelques jouets également. Ils ont aussi toujours droit à une petite récompense quand on vient lui rendre visite le dimanche.

Arrive aussi le premier jour au travail. J'avais pris soin en amont de préparer des affaires pour son arrivée : gamelles, plaid, jouets. J'avais même préparé une affichette prévenant de la présence d'un élève chien-guide et précisant de ne pas le déranger, l'objectif étant qu'il reste tranquillement à sa place quand je reçois les personnes en entretien dans mon bureau et qu'il n'aille pas faire la fête à tout le monde. Mes collègues étaient également très impatients de rencontrer Nani. L'arrivée se fait donc dans la joie et l'excitation, plein de caresses et d'attention pour cette nouvelle collègue à quatre pattes. Les allers-retours dans mon bureau pour venir voir la petite Nani n'arrêtent pas. Il faut dire qu'elle est tellement mignonne, impossible de résister à cette bouille d'amour, les petits chiots Labradors sont tellement craquants ! Cette excitation à l'arrivée de chaque nouveau chiot est toujours aussi intense et pour mes collègues aussi. Par la suite Nani a pris l'habitude, chaque jour, de faire le tour des bureaux pour saluer mes collègues lorsqu'on arrive au travail.

Petit à petit nous apprenons à nous connaître. Nani prend ses habitudes à la maison : identifier son tapis comme étant « sa place », ses jouets qu'elle a le droit de mordiller et à l'inverse tous les autres objets qu'elle n'a pas le droit de toucher. Difficile au début, pour un chiot qui a vécu en chenil depuis sa naissance, de comprendre qu'il ne peut pas mettre dans sa gueule tout ce qui est à sa portée. Même si vous êtes ordonnés et que votre maison est bien rangée, vous avez toujours plein de choses à portée de gueules de chiots qui ne savent pas que ces objets-là ne sont pas faits pour être mordillés. Cela va des canapés, chaises, tables et autres meubles à toute la décoration, les fils électriques, les plinthes, etc. Et l'exercice ultime, la chambre d'enfants et tous ses jouets qui s'y trouvent ! C'est l'île de la tentation pour les chiots. Il faut dire que les jouets pour enfants peuvent ressembler à des jouets pour chiens : peluches, balles, etc. Alors très vite on apprend à ranger la chambre des enfants, ou bien l'interdire carrément au chiot dans un premier temps et ensuite, même assez vite finalement, les chiens apprennent à distinguer les jouets des enfants, qu'ils n'ont pas le droit de toucher, de leurs propres jouets.

C'est avec Nani aussi que j'ai eu les premières « bêtises », ou disons plutôt dégradations. Nani ne supportait pas la solitude, même si je la laissais seule cinq minutes, c'était la panique. Alors elle avait pris l'habitude de prendre les photos que j'accroche avec des aimants sur la porte d'entrée pour les déchiqueter. J'ai progressivement remonté les photos, mais ça grandit vite un Labrador et une fois debout sur ses pattes arrière ça peut attraper des choses même en hauteur. Dans la rubrique bêtises de chiot j'ai aussi eu Phreeze qui, la nuit, grignotait les plinthes, heureusement ça n'a pas duré longtemps. Phreeze avait aussi trouvé le meuble à chaussures de l'entrée à son goût. Un bon bois bien tendre pour faire ses dents de chiot.

Vient le tour du voisinage. Forcément comme vous devez sortir le chiot toutes les 1 h 30 à 2 h les premiers jours, vous avez une forte probabilité de croiser vos voisins. Nombreuses sont les personnes qui sont déjà sous le charme de ce petit chiot et qui viennent discuter avec vous : « Oh ! vous avez pris un chien ? » et quand vous commencez à leur expliquer que non, en fait ce n'est pas vraiment mon chien, mais un élève chien-guide pour aveugle, que je le garde temporairement, etc., s'en suit le défilé de questions habituelles : « vous le gardez combien de temps ? », « C'est vous qui l'éduquez ? », « Comment faites-vous pour lui apprendre à guider un aveugle ? », « Vous ne vous attachez pas trop au chien ? », « C'est votre métier ? », ainsi que le défilé des remarques habituelles « Ah moi je ne pourrai pas faire ça, ce serait trop dur, je ne pourrai pas le rendre, je m'attache trop », « bravo pour ce que vous faites », « il en faut des gens comme vous ».

Alors pour répondre à LA question qui revient le plus souvent, voire tout le temps : bien évidemment que je m'attache au chien, je m'attache énormément à chaque chiot, si on est famille d'accueil bénévole c'est qu'on aime les chiens, et au contraire de ce que peuvent penser certains qui nous disent : « Ah oui, mais du coup vous ne devez pas trop vous attacher au chien pour pouvoir le rendre après » eh bien si, en fait, je m'attache, et même très fort, à chacun de mes petits protégés, et je profite au maximum de cette année passée avec le chiot. Bien sûr que le moment où on doit se séparer du chien est difficile, j'en parlerai plus loin, mais ça n'empêche en rien le fait de s'attacher à chacun d'eux, et comme on sait que nous n'avons qu'une année à passer avec eux, on profite au maximum de chaque instant en leur présence.

Comme le chiot me suit partout, puisque cela fait partie de son apprentissage : être le plus à l'aise dans tous les environnements possibles, il va donc falloir l'emmener faire les courses avec moi. Les premières fois dans les commerces, je m'assure que le chiot ait bien fait tous ses besoins avant, afin d'éviter un accident. Nani étant ma première élève, c'est avec elle que j'ai eu mes premières fois dans les commerces avec un chien et ça ne s'est pas toujours très bien passé. En effet, beaucoup de commerçants ne sont pas toujours au fait de la loi sur l'accessibilité des élèves chiens-guides et d'assistance. Alors avant de franchir le seuil de la porte du magasin, je me prépare, ne sachant pas comment nous allons être reçues, j'imprime les textes de loi, je prends bien ma carte de famille d'accueil, la carte d'identification de Nani et je me lance. Je me présente à l'accueil ou au vigile, quand il y en a un, j'explique que je suis accompagnée d'un élève chien-guide, que la loi l'autorise à se rendre dans tous les commerces. Généralement ça se passe plutôt bien, bien que cette remarque revienne très souvent : « oui, mais vous, vous n'êtes pas aveugle ». Alors oui, en effet, bien vu, du coup j'explique que je suis là pour éduquer le chien, il faut bien le former avant qu'il soit remis à un aveugle.

Pour comparaison, c'est un peu le même principe quand on apprend à conduire une voiture. L'auto-école vous emmène sur la vraie route, pas sur un circuit, afin d'apprendre en situation réelle. Et bien c'est pareil pour le chien-guide, il apprend sa mission en condition réelle avant d'être remis à son bénéficiaire.

Là où ça ne s'est pas très bien passé la première fois avec Nani, c'était dans le supermarché où j'avais l'habitude de faire mes courses. Déjà il faut savoir que faire ses courses avec un chien, ce n'est carrément pas pratique. Vous imaginez entre le caddie, le chien, le sac à main, on est déjà pas mal encombré. Et là dans ce supermarché, dès que je suis rentrée, un premier employé m'a sermonnée :

« Non mais madame, vous ne pouvez pas rentrer avec le chien ! »

« Oui, mais si c'est un chien-guide en éducation, il a droit d'aller partout. »

Je continue mes courses puis très vite un autre employé m'interpelle :

« C'est interdit aux chiens. »

« Bonjour, c'est un chien-guide d'aveugle en éducation, il a droit d'aller partout, ça fait partie de son apprentissage. »

Je reste calme, polie et souriante pour montrer que je suis de bonne foi et laisser une bonne image. L'employé me regarde de haut en bas d'un air pas très aimable. Je continue mes courses jusqu'à rencontrer encore une autre employée :

« Madame, vous ne pouvez pas rentrer avec le chien. »

« Bonjour, c'est un élève chien-guide… »

Bref, c'était horrible ! Les gens m'ont prise pour une folle qui faisait ses courses avec son chien. Depuis, rassurez-vous, ça se passe très bien dans ce supermarché, heureusement. Devenir famille d'accueil aide aussi à se forger un caractère et j'ai appris à ne plus avoir peur de m'afficher en public.

Après, avec l'expérience, j'ai aussi adapté ma façon de faire. Dorénavant je rentre directement dans le magasin, si je croise quelqu'un à l'accueil je me présente, mais s'il n'y a personne je ne vais pas chercher un employé, je fais ce que j'ai à faire et si on vient me voir, « Madame, c'est interdit aux chiens », j'explique que c'est un élève chien-guide, et généralement tout se passe bien. Si vraiment ça coince avec un agent de sécurité, je demande à parler au responsable ou alors je leur explique que j'ai l'habitude de venir ici, ça les rassure. Je remarque qu'au fil des années les gens sont tout de même mieux informés sur l'accessibilité des chiens-guides. Malheureusement il aura fallu que quelques scandales éclatent pour mieux faire connaître la loi.

Il y a aussi eu la première fois à l'école primaire. En effet, mon fils était scolarisé à l'époque en classe de CE1 et tous les soirs j'allais le chercher au centre de loisirs. J'avais bien pris soin à l'avance de prévenir la directrice de l'école, la directrice du centre de loisirs ainsi que les représentants des parents d'élèves. Tout s'est toujours bien passé, Nani et mes autres élèves ont toujours été bien accueillis et ils ont même pu assister aux fêtes de fin d'année de l'école. Le plus difficile à gérer était surtout les autres enfants tout excités à l'arrivée du chien et à nouveau l'avalanche de questions : « Oh ! Il est trop mignon » « Comment il s'appelle ? » « Il a quel âge ? » « Je peux le caresser ? » « Ah ! il m'a léché, beurk ! ». Les enfants ont beaucoup de mal à contenir leurs émotions et sont très spontanés et expressifs par nature, ainsi ils se jettent sur le chien pour le caresser ou alors au contraire, il y a ceux qui ont peur et se mettent à hurler dès qu'ils nous voient. C'est un très bon exercice pour les chiens ! Apprendre à rester calme parmi toute cette agitation !

Les premières fois dans les transports. J'utilise quotidiennement ma voiture pour me rendre à mon travail, alors il faut que le chien y soit à l'aise. Avec Nani, je n'ai pas eu de problème. Mais quand j'ai eu Oasis en relais, c'était plus compliqué. Déjà, il devait avoir entre sept et huit mois et il ne voulait pas monter dans la voiture, j'étais obligée de le porter. C'était déjà un grand chien ! Et une fois en route, le pauvre restait assis, sans bouger, et bavait énormément. En réalité, il était malade en voiture. J'ai eu un chiot également qui était malade en voiture, c'était Phreeze. Tous les matins quand je partais avec elle au travail, elle rendait ses croquettes dans la voiture. Heureusement, petit à petit ça lui est passé et adulte, elle n'a plus jamais été malade. Dans les transports en commun, je n'ai jamais eu de soucis avec les chiens, que ce soit le métro, le bus ou le TGV, ils étaient tous très à l'aise en transports.

Une chose aussi qu'il faut savoir c'est que nous devons porter le chiot dans les escaliers jusqu'à ses six mois environ puisque les Labradors ont souvent des problèmes de hanches et ainsi, ça permet de les préserver. A contrario, les familles d'accueil ont souvent des problèmes de dos, par ricochet, car un Labrador, même chiot, pèse un sacré poids ! Je plaisante évidemment, mais c'est vrai qu'il faut être en bonne condition physique pour s'occuper d'un jeune chien.

L'arrivée d'un chiot c'est non seulement attirer le regard et la conversation avec ses voisins, mais c'est aussi connaître tous les chiens du quartier. Et là ce n'est pas toujours simple à gérer, car il ne faut pas oublier que nous avons une mission à accomplir avec nos chiots. En effet, il ne faut pas que nos chiens prennent l'habitude de jouer avec tous les chiens qu'ils vont croiser sur leur chemin. Imaginez, ce serait ingérable pour un déficient visuel d'avoir un chien qui, d'un coup, se met à tirer sur la laisse, change de direction, court dans tous les sens pour jouer avec un congénère. Il faut donc gentiment expliquer que le chien ne doit pas jouer quand il est en laisse, c'est un futur chien-guide, il est en éducation. Et là vous avez toujours quelqu'un pour répondre : « Il dit juste bonjour ! » sauf que non, justement, notre chien ne doit pas dévier de sa trajectoire et si on commence à le laisser renifler un congénère il va être très compliqué de le calmer par la suite puisqu'il aura envie de jouer. Vous avez aussi ce genre de remarques : « Oh, le pauvre, il n'a pas le droit de jouer ». Alors que non, ce n'est pas ça non plus, c'est simplement que le chien va identifier des moments de travail et des moments de détente où là, évidemment, il pourra jouer et faire le fou avec d'autres chiens. Mais lorsque le chiot a son dossard d'élève chien guide et qu'on travaille le déplacement dans la rue, en effet, il faut que le chien reste concentré.

Quand on devient famille d'accueil, il n'y a pas que le chien qu'on socialise, nous aussi nous faisons beaucoup de social. Être famille d'accueil c'est beaucoup expliquer ce que vous faites aux personnes que vous rencontrez, c'est beaucoup de pédagogie. On se fait très souvent interpeller dans la rue. Alors, on explique ce qu'on fait, le parcours du chien, la loi sur l'accessibilité, le rôle de l'école et notre rôle de famille d'accueil. C'est aussi la raison pour laquelle j'ai écrit cet ouvrage.

Les séances d'éducation

Bien évidemment, la famille d'accueil n'est pas livrée à elle-même dans l'éducation du chiot. Des séances d'éducation ont lieu régulièrement à l'école des chiens guides ainsi que des séances à domicile.

Ces séances sont animées par le moniteur référent du binôme chien/famille d'accueil et elles se font généralement par groupe de deux à cinq binômes. Chaque séance permet de travailler une thématique particulière.

Les séances à domicile permettent au moniteur de connaître l'environnement où vit le chien, et surtout de répondre à beaucoup d'interrogations des familles d'accueil sur le lieu de vie du chien et les habitudes à prendre à la maison.

Un des premiers apprentissages à mettre en place avec le chiot concerne les besoins. Tout d'abord, il faut lui faire comprendre que les besoins c'est dehors, pas dans la maison, et très vite il faut qu'il apprenne que les besoins c'est non seulement dehors, mais dans les caniveaux. Pour cela, dès les premières sorties avec le chiot vous courrez vers les caniveaux le chiot dans les bras et vous passez plusieurs minutes à répéter à votre chien « les besoins, les besoins » jusqu'à ce qu'enfin il décide de faire pipi ou caca, et là c'est grosse félicitation, « oui, bravo, c'est bien mon chien », accompagnée d'une super friandise. Le but, vous l'aurez bien compris, est qu'il comprenne que c'est trop génial de faire ses besoins à cet endroit, ça rend sa famille d'accueil complètement gaga et ça lui permet de se régaler avec une super friandise !

La grande majorité des chiens sont des Labradors ou croisés Labrador et Golden retriever et ces chiens sont bien connus pour être très gourmands ! Il est donc assez facile d'utiliser la friandise pour les éduquer.

Ce qu'on apprend très vite au chiot également, ce sont les commandes « assis », « couché », « debout », « au pied » et « ta place ».

Ensuite on va chercher à leur faire prendre des habitudes dès le plus jeune âge pour que certains comportements deviennent des automatismes. Par exemple, très vite on va demander au chiot de s'asseoir devant le passage piéton et on le récompensera avec une friandise. Ainsi, au bout de quelques mois, le chien va s'asseoir automatiquement devant le passage piéton sans même qu'il soit nécessaire de lui en donner l'ordre. Il en est de même pour marquer les escaliers : s'asseoir devant une descente d'escalier ou poser les pattes avant sur la première marche d'un escalier en montée.

Au-delà des apprentissages qu'on va mettre en place avec le chiot ce qui est primordial est de l'emmener partout avec nous afin qu'il soit à l'aise dans toutes les situations possibles, qu'on puisse avoir un chien bien dans ses pattes ! C'est ce qu'on appelle la socialisation.

Les séances d'éducation permettent également de travailler l'attrait des congénères. Comme nous sommes avec plusieurs chiens, nous effectuons des exercices où les chiens ne doivent pas être perturbés par les copains. Par exemple, nous faisons un parcours où le chien doit marcher en ligne droite et un autre chien est posté avec sa famille d'accueil juste au bord du parcours. Le chien ne doit pas dévier de son trajet pour aller jouer avec l'autre. Ces exercices ne sont pas faciles, car les chiens sont souvent attirés par leurs congénères, ils sont jeunes et très joueurs, il faut donc leur apprendre à rester concentrés, avec une bonne friandise ça aide.

Lors de ces séances d'éducation en collectif, nous travaillons aussi dans différents environnements : la marche en ville, dans les transports en commun, les centres commerciaux, les parcs, etc.

Ces séances permettent au professionnel de suivre l'évolution du chien et du binôme chien/famille d'accueil. Il peut aussi être l'occasion de proposer que le chien parte quelque temps dans une autre famille pour travailler un point particulier qui ne peut pas être fait dans la famille actuelle.

C'est ainsi que j'ai eu Pipa en relais à la maison. Pipa était dans une famille d'accueil, et moi à cette époque je n'avais pas de chien, je venais de terminer avec Olda qui était entrée en éducation et j'étais dans l'attente d'un nouveau chiot. La monitrice qui suivait Pipa et sa famille m'a proposé de la prendre quelques semaines pour remettre un peu de cadre avec elle, sa famille ayant des difficultés à l'éduquer, c'était son premier élève.

J'ai également eu Roan en relais quelque temps. Le problème avec Roan c'est qu'il n'aimait pas qu'on lui passe son dossard par la tête. Malgré les exercices et les efforts, il a toujours gardé une petite réticence, mais ça ne l'a pas empêché de réussir son éducation et Roan est aujourd'hui chien-guide.

Swing a également fait un séjour à la maison. Dans sa famille il n'y avait pas d'enfant et Swing montrait des signes d'appréhension envers les jeunes enfants qu'il avait eu l'occasion de croiser. C'est pourquoi sa monitrice a souhaité le placer en relais dans une famille avec enfants. À cette époque, mon fils avait une dizaine d'années et le fils de mon mari environ six ans et Swing s'est tout de suite très bien adapté aux enfants, et inversement !

ELEVE
CHIEN GUIDE PARIS

Les stages

En plus de ces séances d'éducation, le chien va effectuer plusieurs stages à l'école.

Généralement les chiens effectuent leur premier stage vers cinq ou six mois. Ces stages d'une semaine ont pour objectif d'évaluer comment se comporte le chien à l'école et au chenil. En effet, les chiens sont répartis dans des box, ils sont généralement deux ou trois par box avec une partie extérieure et une partie intérieure chauffée pour la nuit. Il faut donc que le chien supporte aussi le box et donc la séparation avec l'humain.

La plupart du temps, pour nos chiots, c'est l'éclate totale, le centre de loisirs, ils sont toujours ravis d'aller à l'école !

Mais pour certains, la vie au box peut être plus compliquée, ils peuvent pleurer, aboyer et ce critère est important à mesurer, car après sa période en famille d'accueil, le chien va poursuivre sa formation pendant environ six mois où il vivra à l'école, donc s'il n'est pas à l'aise dans cet environnement, étant donné que le bien-être des animaux est primordial, il est possible que le chien ne soit pas gardé dans le parcours de chien-guide.

Pendant ces stages, les chiens vont travailler avec leur moniteur référent, celui qui anime les séances de travail et donc qu'ils connaissent. Le professionnel va pouvoir évaluer le chien, ses éventuelles appréhensions et les points à retravailler.

À la fin du stage, un bilan est effectué et le moniteur explique à la famille les points positifs et négatifs qu'il a pu observer. Il nous donne également des consignes sur des éléments particuliers à travailler avec le chien.

Du point de vue de la famille d'accueil, le premier stage représente souvent la première séparation avec le chien. C'est un moment assez difficile car forcément nous sommes très attachés à notre chiot et on s'inquiète pour lui, il va nous manquer. Ces stages apprennent aussi au chien à pouvoir vivre dans un autre environnement et à se détacher de sa famille.

Lorsque j'ai déposé Nani pour son premier stage je n'étais pas rassurée, c'est un peu comme laisser son enfant à la crèche ou chez la nounou la première fois. On s'inquiète pour notre bébé, on a peur de lui manquer et qu'il nous manque. Est-ce que ça va bien se passer pour elle ?

C'est quand le chien n'est pas là qu'on se rend compte à quel point il prend une place importante dans notre vie. Tous les matins quand je me lève et que je sors de ma chambre, la première chose que je fais c'est un gros câlin à mon chien qui m'accueille avec joie et excitation à chaque fois. Alors le premier jour où je me lève et que le chien est en stage ça fait tout drôle de ne pas avoir mon comité d'accueil habituel et ce moment de tendresse avec le chien.

Mais il y a également des côtés positifs à avoir le chien en stage : plus besoin de le sortir le matin dès le réveil ni le soir au moment de se coucher, c'est un peu des vacances, il faut l'avouer.

C'est aussi l'occasion d'effectuer un grand nettoyage des affaires du chien. Mettre à la machine son lieu de couchage, mais également nettoyer et désinfecter ses jouets et gamelles.

Parfois, j'ai tellement l'habitude d'avoir le chien tout le temps avec moi, que quand il n'est pas là j'ai des petits sursauts où je me dis « mince ! j'ai oublié le chien », en puis je me rends compte que « ah ! non c'est bon, il est en stage, c'est vrai ».

Je me suis rendu compte également que même lorsque je n'ai pas le chien avec moi, j'ai pris l'habitude de toujours bien traverser dans les passages piétons. C'est quand je marche dans la rue avec d'autres personnes que ça me saute aux yeux, mes amis ou collègues traversent en diagonale alors que moi je vais bien suivre les lignes blanches du passage pour piétons.

Autre habitude que j'ai prise grâce à mes petits élèves, c'est de marcher. Tous les midis je vais les promener pendant ma pause déjeuner, et le week-end je pars marcher en forêt. Ainsi, lorsque le chien est en stage, je suis presque en manque de marche. Alors le midi, je sors faire quelques pas, me dégourdir les jambes, faire une petite course, j'ai vraiment ce besoin de « prendre l'air » que je n'avais pas forcément avant d'être famille d'accueil.

Enfin, à chaque retour de stage, je récupère un chiot épuisé ! Il a tellement joué avec ses camarades de box, plus le fait de travailler avec son moniteur la journée, ça épuise ces jeunes toutous. C'est parti pour quelques heures de repos bien mérité une fois rentré à la maison.

S'apprivoiser – Le lien – Unis par l'amour

Avec chaque nouveau chiot, dès les premiers jours, il se crée un lien très fort. C'est comme si le chiot savait, comme s'il savait que c'est ici, avec nous, dans notre famille qu'il va vivre. Les chiots sont tous hyper enjoués, ils sont déjà très proches de nous, de l'humain.

Il faut dire qu'ils ne sont pas choisis au hasard. Dès leur conception, ils sont destinés à devenir chiens-guides.

En effet, les futurs parents de chiens-guides sont sélectionnés par l'école. Et une fois les chiots nés, ils vont être mis en condition pour devenir de futurs chiens-guides. L'École de Chiens Guides de Paris a son propre centre d'élevage à Buc, dans les Yvelines. Il existe aussi le centre d'élevage national, le CESECAH, situé dans le Puy-de-Dôme, qui élève et sélectionne des chiots pour devenir de futurs chiens-guides.

Tous les chiots sont donc très proches de l'homme, même s'ils ont chacun leur caractère, bien sûr.

Les premiers jours on ne peut résister à les câliner, les caresser, les embrasser sans cesse tellement ils sont mignons. Toutes ces marques d'affection habituent le chien à être manipulé, ce qui est très important aussi pour la suite de son parcours. Ces manipulations sont notamment nécessaires pour préparer les chiens aux soins : nettoyage des yeux, des oreilles, coupe des griffes, etc.

Très vite, le chiot identifie son référent dans la famille. Pour ma part, nous sommes une famille recomposée. À la maison, je vis avec mon mari et mon fils à plein temps et les trois enfants de mon mari qui viennent régulièrement à la maison pendant les week-ends et les vacances scolaires. Étant donné que les chiots m'accompagnent toute la journée au travail, c'est avec moi qu'ils passent le plus de temps, c'est moi aussi qui les nourris et qui les éduque, ils m'identifient donc rapidement comme étant leur personne référente. Et comme ils sont habitués à être avec moi toute la journée, ça en fait de vrais pots de colle. Dès que je quitte une pièce, ils me suivent et c'est là qu'il va falloir leur apprendre le détachement. À la maison, il va s'agir par exemple de fermer la porte de la salle de bain quand j'y suis afin que le chien ne puisse pas entrer et qu'il s'habitue à ne pas m'avoir dans son champ de vision, même s'il sait très bien que je me trouve derrière la porte.

Et progressivement, il va falloir aussi apprendre au chiot à rester un petit peu tout seul à la maison. Les premières fois ce sera juste quelques minutes, le temps d'aller chercher le courrier ou de vider les poubelles. Puis au fur et à mesure je vais allonger la durée. Les premiers temps pour faciliter la solitude je remets au chien soit un nouveau jouet, soit un os à mâcher ou un bois de cerf pour qu'il s'occupe. L'idée est qu'il associe ce moment où il est seul à quelque chose de positif : « tiens, elle me laisse tout seul… Ah ! mais génial, ce bois de cerf, j'adore ça, trop bon ! » et pour qu'ainsi il ne voie pas le temps passer.

Le détachement sera difficile pour Nani. En réalité, c'est difficile pour tous les chiens puisque, de par leur formation, ils passent toutes leurs journées avec moi. Mais avec certains, c'est plus difficile que d'autres et avec Nani c'était particulièrement compliqué.

Nani ne supportait pas d'être seule. En plus, quand elle était seule, y compris la nuit, comme elle dormait dans le salon et nous dans nos chambres, elle avait pris la mauvaise habitude de monter sur le canapé. Pas folle la petite, elle a le sens du confort ! Je me souviens d'un matin, un week-end, j'avais voulu tenter une grasse matinée et bien ça ne lui a visiblement pas plu. Quand je me suis levée et que je suis arrivée dans le salon, elle avait éventré un coussin du canapé, il y avait de la mousse de garniture partout ! J'ai bien compris le message.

Le lien avec l'animal se fait très vite et c'est vraiment étonnant, comme si les chiens savaient. Même pour les chiens que j'ai eus en relais, dès les premières heures, le chien m'avait identifiée comme étant sa référente. Ces chiens ont une capacité d'adaptation surprenante. Souvent en tant que famille d'accueil, quand le chien va partir en stage à l'école ou bien aller en relais quelques jours, nous entendons des personnes nous dire : « Oh, mais ça va être horrible pour lui, tu vas lui manquer, il est habitué à être tout le temps avec toi ! ». Je ne sais pas si on manque au chien dans le sens où l'entend l'humain, ce que je sais en revanche, c'est que le chien n'est pas malheureux, il s'adapte tellement vite. Avec chaque chien que j'ai eu en relais, j'ai pu le constater. Très vite le chien était détendu, aimait se faire câliner ou jouer. Les chiens vivent dans l'instant présent et si on leur apporte toute l'attention et l'affection nécessaires ils sont heureux. Nous aurions, nous humains, de belles leçons de vie à tirer de leur comportement.

Les chiens nous accordent une confiance sans limites et c'est ainsi que j'arrive à travailler avec eux. Tous ces moments de tendresse, de jeu, d'éducation participent à développer cette confiance réciproque. Le lien qui se crée entre nous est extrêmement fort et c'est ce lien qui va permettre au chien d'apprendre, de faire de nouvelles expériences en confiance.

Assez vite vous pouvez repérer le caractère du chien. Certains sont assez énergiques et vont avoir besoin de beaucoup de détentes pour se dépenser, d'autres sont plus tranquilles et dorment beaucoup plus, comme Sparrow par exemple.

Certains sont plus câlins que d'autres. Roma était impressionnante, dès que je m'agenouillais par terre, elle venait se coucher entre mes jambes, alors que d'autres sont plus joueurs. Avec Sparrow, par exemple, dès que je commence à le caresser, à lui faire un câlin, il part me chercher un jouet pour que je joue avec lui.

Pour les papouilles ils craquent tous pour des séances de gratouilles en bas de leur colonne, au-dessus de la queue, ils adorent ça !

Ils ont tous le point commun d'être des chiens adorables. J'ai eu la chance, avec tous les chiens que j'ai eus en éducation, ils étaient tous super à l'aise avec tout le monde et dans tous les environnements. Même si certains ont eu plus de difficultés comme, par exemple, Roma qui longtemps appréhendait les escaliers mécaniques puis ça a fini par passer. Ils sont tous très à l'aise avec tous types de personnes et dans tous les lieux : au travail, cinéma, bibliothèque, supermarché, magasin, théâtre, etc. Mais malgré ça, on le verra plus tard, ça ne suffira pas toujours pour devenir un chien-guide.

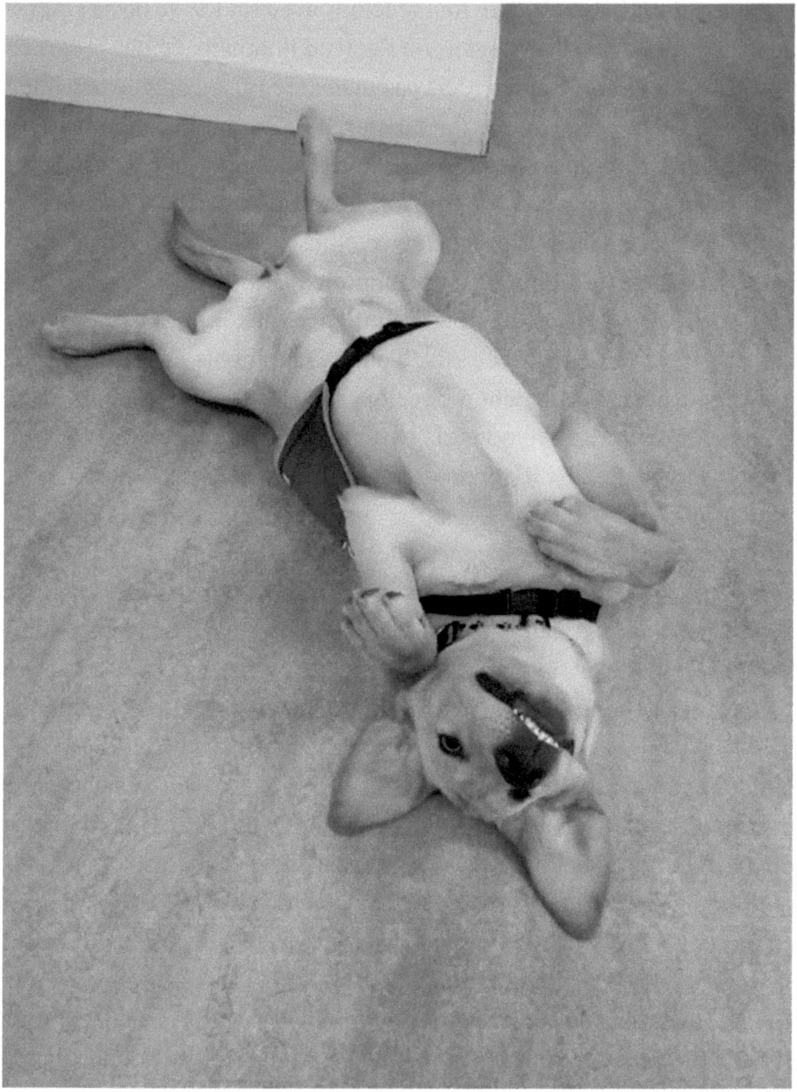

Les aménagements du quotidien

Avoir un chien, c'est aussi faire quelques sacrifices ou du moins des aménagements dans son quotidien.

Tout d'abord dans votre lieu de vie. Vous allez devoir faire une place à votre animal. Les chiens-guides sont généralement des Labradors, ce sont donc de gros chiens, il va falloir se procurer un tapis à la taille de l'animal et l'installer dans un endroit, généralement le salon, cela peut nécessiter un réaménagement de son intérieur.

Côté matériel il faut s'équiper : en plus du matelas pour le chien, des gamelles, jouets, brosses, etc., j'ai très vite dû investir dans un nouvel aspirateur. Et oui, les Labradors perdent énormément de poils ! Et je ne parle même pas des périodes de mue où, deux fois par an, pendant un mois c'est l'hécatombe de poils, rien que le fait de vous frôler, le chien perd des tonnes de poils. Avec un Labrador à la maison, il faut passer l'aspirateur tous les deux jours et même avec ça, vous retrouverez des poils.

Très vite j'ai changé les plantes de place. En effet, les toutous aiment bien jardiner… Dorénavant, mes petites plantes sont en hauteur sur une étagère et ma plus grosse plante a déménagé dans la salle de bain.

Pour les tenues vestimentaires, des concessions vont aussi devoir être faites. Quand on a un Labrador de couleur sable, on évite les pantalons et pulls noirs. Les poils, toujours les poils ! On oublie aussi les talons hauts parce qu'un Labrador adulte pèse une trentaine de kilos et nos toutous sont bien musclés alors quand vous promenez votre chien et que d'un coup il se met à tirer sur la laisse, même en baskets, il peut être difficile de le retenir.

Avoir un chien c'est également faire des concessions sur les vacances. En effet, prendre son chien en vacances c'est toute une organisation. Il a le droit lui aussi à son sac de voyage et il faudra veiller à rédiger une check-list afin de ne rien oublier. Et là, vous vous rendez compte qu'un chien c'est encombrant, alors que lui n'emporte pourtant pas de vêtements.

Je vous livre ma check-list :

▪ Croquettes : prévoir un sachet par repas, comme ça, pas besoin de rapporter une balance pour peser la bonne quantité de croquettes, vous préparez tout à l'avance. Moi j'utilise des sacs de congélation avec fermeture zip, ça évite que vos affaires sentent la croquette. Évidemment plus vous partez longtemps, plus ce sera lourd et volumineux.

▪ Gamelles pliables : il en faut deux, une pour l'eau, une pour les croquettes

▪ Un sachet de récompenses : pour continuer les apprentissages

▪ Bois de cerf ou os à mâcher pour l'occuper s'il doit rester seul

▪ Une trousse de secours : avec compresses, désinfectant, tire-tique, rouleau de bandes adhésives et de bandes cohésives, produit pour nettoyer les oreilles, gouttes pour les yeux, sérum physiologique, on ajoutera le traitement du chien s'il en a un ainsi qu'en préventif un sachet de médicaments contre la diarrhée (assez fréquente chez le chiot)

▪ Ses papiers : passeport (indispensable pour l'étranger), livret de suivi

▪ Un tapis : là où se couchera le chien, endroit qu'il identifiera comme étant « sa place »

▪ Une serviette : pour l'essuyer en cas de pluie et essuyer ses pattes.

▪ Des jouets pour s'occuper : balles, jouets en plastique dur, cordes…

▪ Brosse

▪ Une gourde de voyage pour chien : ce type de matériel se trouve facilement en magasin spécialisé, ça permet de faire boire le chien en voyage sans avoir besoin de sortir une gamelle et d'avoir une bouteille d'eau.

- Collier lumineux pour les balades nocturnes
- Chaussures pour chien pour la neige ou pour le bitume chaud pour protéger les coussinets (selon la saison et la destination)
- Tapis réfrigéré en cas de fortes chaleurs
- Sac de voyage : pour mettre le tout !

Autant vous dire qu'on ne voyage pas léger avec un chien !

Pour ce qui est des jouets, dorénavant je m'équipe uniquement de jouets en plastique solide et épais, car tous les chiens que j'ai eus sont destructeurs et rien ne résiste longtemps à leurs grands crocs. Oubliez les peluches et autres jouets en plastique qui font « pouet pouet ».

Outre les équipements de base nécessaires à l'arrivée d'un chiot dans une famille, j'ai découvert plein d'accessoires insoupçonnés créés pour le confort de nos poilus. Comme vous avez pu le voir dans la check-list, il existe des tapis réfrigérés pour les chiens en cas de fortes chaleurs. Je m'en suis procuré un pour mes petits élèves. Ça ressemble à un tapis pour chien, généralement de couleur bleue, mais à l'intérieur il y a une sorte de gel qui, au contact avec le chien, émet de la fraîcheur. J'ai découvert aussi les chaussures pour chien ! Elles peuvent être utiles pour protéger les coussinets des chiens dans la neige par exemple, ou pour éviter que les pattes du chien soient en contact avec le sel de déneigement parsemé sur les trottoirs, ou bien encore en cas de fortes chaleurs, quand le bitume est brûlant. Bien sûr il n'y a aucune obligation à se procurer ce genre d'accessoires. Et pour les chaussures, il vaut mieux habituer son chien progressivement, car la première fois qu'il essaie de marcher avec c'est très drôle, le chien lève haut les pattes, le pauvre, ça le gêne, il n'est pas habitué. C'est avec Sparrow que j'avais essayé et il marchait avec ses chaussures en faisant de grandes enjambées, mais comme Sparrow est un chien vraiment super cool et en confiance, il s'est rapidement habitué et a fini par marcher normalement avec. Finalement je ne m'en suis pas servi avec lui pour la neige, puisqu'il n'y a pas eu vraiment de neige cette année-là, en revanche je les ai utilisées avec Sparrow pendant les fortes chaleurs d'été. Quand il fait trop chaud, il est conseillé d'éviter de sortir le chien en pleine journée, mais il fallait bien le sortir le midi pour qu'il fasse ses besoins, alors il a utilisé les chaussures, et même s'il n'était pas très à l'aise au départ, il a très vite adopté une marche normale avec. J'ai aussi investi dans un peignoir pour chien. Je sais que ça peut faire rire, mais je ne regrette pas. Toute personne ayant déjà dû laver son chien chez elle sait la galère que c'est. Après le bain vous avez un chien trempé qui s'ébroue, des gouttes d'eau giclent un peu partout et, même si vous l'avez bien essuyé, il va se frotter au canapé ou se coucher sur son tapis qui vont se retrouver trempés à leur tour, bref ce n'est pas simple et le peignoir permet à votre chien de sécher tranquillement sans tout mouiller et s'il s'ébroue il ne met pas de l'eau partout.

Des accessoires également très utiles pour la voiture ! Avec mes chiens, nous utilisons tous les jours ma voiture pour nous rendre au travail ou pour les loisirs et avoir un chien, c'est un peu sacrifier son véhicule. Vous ne pouvez pas lutter contre tous ces poils qui volent dans l'habitacle et contre les traces de bave, autant vous le dire. Mais il est possible de limiter les dégâts. J'ai investi dans une grande bâche spéciale pour les sièges de voiture et je trouve que c'est quand même bien pratique, c'est lavable en machine et ça m'a sauvé mes sièges en cas de vomi de chien ! Et croyez-moi, le vomi de chien n'est pas exceptionnel ! Nani vomissait souvent de la bile, surtout quand je tardai à rentrer du travail, elle vomissait parce qu'elle avait le ventre vide et cette odeur de bile est pestilentielle et persistante. Bicarbonate puis lavage en machine obligatoire. Autre accessoire en voiture, la ceinture de sécurité pour chien. Oui, très important, car en cas d'accident ça évite que le chien soit projeté ou ne s'enfuie. Ça ressemble à une petite laisse qui au bout est élastique (ça amortit) et avec une boucle qui s'insère dans le fermoir de la ceinture de sécurité de la voiture. Et enfin, un diffuseur de parfum pour camoufler l'odeur de chien devient vite nécessaire également, car aérer ne suffira pas toujours. Dans le coffre, je prévois toujours des serviettes éponges, indispensable quand, par exemple, j'emmène le chien se promener dans le bois et que le temps est humide et que le chien finit la balade tout cracra plein de gadoue.

Autre accessoire pour les soins du chien, le tire-tique que je conseille à tout le monde, c'est vraiment l'outil indispensable, ça ne coûte pas cher, c'est tout simple, mais ça permet d'enlever les tiques avec une grande facilité et c'est utile pour les humains aussi ! Le coupe-griffes n'est pas obligatoire non plus, car les griffes s'usent naturellement lors des balades, elles peuvent être coupées aussi par le vétérinaire, mais c'est bien utile quand même de pouvoir le faire soi-même, et là aussi il vaut mieux habituer son chiot tout petit. Autre accessoire très utile : l'étrille. Le labrador perd énormément ses poils et particulièrement en période de mue, ça devient l'enfer. L'étrille permet de retirer le poil mort de façon beaucoup plus efficace que la simple brosse, car les poils, même le duvet plus fin, restent emprisonnés dans les petits picots. Enfin, un accessoire qui peut être pris pour une plaisanterie alors que pas du tout, c'est la culotte pour chien ! Je m'explique, pour les chiennes, quand elles ont leurs chaleurs, elles perdent des gouttes de sang pendant plusieurs jours et forcément ça laisse des traces, alors pour être tranquille, au moins au bureau et à la maison, la culotte de chaleur permet de mettre une serviette hygiénique ou des carrés de coton à l'intérieur de la culotte. Personnellement j'en ai acheté pour mes chiennes et après un temps d'adaptation, il faut que la chienne s'habitue à ce nouvel accessoire, ça s'est révélé très pratique. Je ne les mettais pas lors des déplacements dans la rue évidemment, car ça empêche la chienne d'uriner et en plus vous imaginez un peu la honte !

J'ai aussi fait l'acquisition d'une petite caméra pour surveiller les toutous avec mon téléphone quand je les laisse seuls à la maison.

Pour le plaisir et le confort des chiens en vacances en été, j'ai acheté une piscine pour chien. C'est un peu le même principe que les petites piscines gonflables pour enfants. Sauf que le chien risquerait de percer les boudins gonflables avec ses dents ou les déchirer avec ses griffes. Alors la piscine pour chien est équipée d'un revêtement plus solide et ses bords sont rigides, ils ne se gonflent pas. Les chiens adorent patauger dedans, mais attention à ce que les chiens ne prennent pas trop goût à l'eau. En effet, les baignades sont interdites pour nos élèves car un chien trop attiré par l'eau pourrait mettre en danger son futur bénéficiaire.

Il existe des jeux d'occupation pour les chiens. Cela leur permet de les occuper et de les stimuler. J'ai découvert ce type de jeu pendant la période de confinement. Le chien n'a pas besoin uniquement de dépenses physiques, mais intellectuelles aussi. Ces jeux consistent à dissimuler une friandise et pour y accéder le chien doit pousser, retourner, déplacer ou faire glisser un objet. Il existe également des tapis de fouille où le chien doit retrouver des croquettes cachées sous des morceaux de tissus.

Pour ce qui concerne les sacs à crottes, car même si nos élèves chiens-guides font leurs besoins dans les caniveaux, nous ramassons toujours leurs déjections, j'en trouve généralement dans la plupart des villes qui en mettent à disposition dans des distributeurs. J'en achète tout de même afin de ne pas me retrouver prise au dépourvu si le distributeur à côté de chez moi est vide. Là où je suis très surprise, c'est qu'on trouve des distributeurs de sacs à caca quasiment partout, dans des grandes ou petites villes, sauf… à Paris, dans la capitale !

Avec un jeune chien qui vous accompagne au quotidien, il est préférable d'ajouter quelques équipements indispensables à avoir toujours sur soi, dans son sac à main. En plus des sacs à crottes, des mouchoirs absorbants et des lingettes seront nécessaires en cas de besoin urgent. Un petit sachet de récompenses sera utile aussi.

Malheureusement, il faut savoir aussi qu'avec un chien des sacrifices sont inévitables. Certaines personnes ne veulent pas du chien chez elles, sauf que les premiers mois on ne peut pas laisser le chien seul à la maison donc si personne n'est là pour le garder, je suis obligée de refuser des invitations.

Pour les trajets aussi il faut s'adapter surtout quand le chiot est encore jeune. Comme le chiot peut avoir envie de faire ses besoins toutes les unes ou deux heures, il vaut mieux prévoir des étapes dans les déplacements.

Ce problème se pose également au travail, il faut être en mesure de s'éclipser toutes les 2 h pour faire faire les besoins au chiot, sauf que si vous êtes en plein rendez-vous ou en réunion c'est compliqué.

En parlant de pipi caca, avec les chiots des accidents sont toujours possibles, surtout quand ils sont jeunes, entre deux et cinq/six mois, même s'ils ont bien compris la propreté, les caniveaux, etc., ils ne peuvent pas encore se retenir comme des adultes et les accidents arrivent.

Avec Nani, je faisais mes courses dans un hypermarché et une fois arrivée en caisse, la chienne se met à faire pipi. Alors là, vite, je dégaine l'attirail nécessaire pour tout faire disparaître le plus vite possible pour que le moins de personnes le remarquent : mouchoir, lingettes, le tout dans un sac et direction la poubelle ! Ça m'est arrivé aussi dans un autre hypermarché avec Roma, mais la pauvre elle avait des soucis urinaires et ne pouvait pas se retenir longtemps et cette fois-là ça n'a pas loupé, alors même réflexe : nettoyage vite fait bien fait, ni vu ni connu, car oui, dans ces moments-là se mêlent sentiments de gêne et de honte.

Enfin, être famille d'accueil bénévole c'est aussi pouvoir se rendre disponible. Comme on l'a vu pour les réunions de travail, il va falloir se libérer plusieurs demi-journées pour aller à l'école, ce sont donc vos jours de congés ou RTT qui vont y passer. Plusieurs allers/retours à l'école vont aussi devoir être faits pour déposer le chien en stage et le récupérer, pour aller chercher des croquettes, etc. Par exemple, pour Sparrow, quand il est entré en éducation, j'avais la possibilité de le récupérer le week-end, ainsi j'ai dû effectuer plusieurs allers-retours pour le récupérer. Sparrow était en éducation à une quinzaine de kilomètres de chez moi et je devais faire le trajet le vendredi pour le récupérer et le lundi pour le redéposer à l'école le matin très tôt avant d'aller au bureau, sachant que l'école est à l'opposé de mon lieu de travail situé encore à 25 km, je mettais 2 h minimum pour aller bosser le matin, 40 km de route en banlieue parisienne dans les embouteillages. Vous l'aurez compris, être famille d'accueil est un réel investissement, mais quand on aime on ne compte pas.

DOG
Activity

Les 10 commandements des familles d'accueil

Aux grasses matinées tu renonceras
Des poils partout chez toi et sur toi tu retrouveras
Au placard tes talons hauts tu garderas
Le caca dans la rue tu ramasseras
L'odeur du chien mouillé tu accepteras
Partout avec toi tu l'emmèneras
Friandises et sacs à caca dans tes poches tu amasseras
Avec amour et assiduité tu l'éduqueras
Soin de lui tu prendras
À jamais dans ton cœur il restera

La communauté famille d'accueil – famille relais

Devenir famille d'accueil, c'est également partager des moments avec d'autres familles qui sont bénévoles comme nous. Grâce aux réseaux sociaux particulièrement, nous pouvons partager nos expériences, nos inquiétudes et aussi organiser des rendez-vous et détentes entre chiens.

Avec nos différents comptes, nous pouvons suivre l'évolution de nos apprentis. Cela permet aussi de garder un contact avec des familles rencontrées lors des réunions de travail à l'école. Les réseaux permettent aussi de retrouver des fratries ou de voir ce que sont devenus d'anciens élèves. Ça peut permettre également, dans certains cas, de garder un contact entre la famille d'accueil du chien et son bénéficiaire déficient visuel, voir son élève devenu grand évoluer avec sa nouvelle famille. J'ai ainsi pu retrouver la sœur de Sparrow qui est élève chien-guide à l'école de Lyon.

Cette communauté peut aussi se trouver très rassurante quand vous avez la chance d'avoir votre chiot en relais dans une famille que vous connaissez. Cela vous permet d'avoir de ses nouvelles. Cela reste exceptionnel, évidemment, car il y a tellement de familles d'accueil et de familles relais différentes que toutes ne sont pas présentes sur les réseaux sociaux. Cependant il m'est déjà arrivé d'avoir un chien en relais dans une famille que je connaissais et le fait de savoir chez qui il était et d'avoir de ses nouvelles de temps en temps m'a permis de partir le cœur plus léger.

Bien sûr, pour toute question sanitaire ou d'éducation c'est auprès de l'école des chiens guides que nous allons nous référer.

Grâce à cette petite communauté, j'ai également saisi une super opportunité, c'était avec Sparrow. Dans le groupe, une famille d'accueil nous avait relayé une annonce de casting où il était recherché des chiens bien éduqués pour faire de la figuration pour un long métrage. Sans trop y croire, j'ai tout de même répondu à l'annonce et à ma grande surprise j'ai été recontactée par la production. Tout s'est fait assez rapidement, on nous a donné rendez-vous quelques jours après dans des studios de tournage en banlieue parisienne. Quand je me suis présentée sur place avec Sparrow nous étions plusieurs duos chien/humain, tous là suite à la même annonce, il y avait des chiens très différents : un dalmatien, un husky, un épagneul breton, un caniche, un berger blanc suisse, etc. C'était au mois de juin 2022, Sparrow était alors âgé de huit mois. C'est en signant le contrat avec la production que j'ai vu qui était le réalisateur du film, et à ma grande surprise il s'agit d'un très grand réalisateur français puisque c'est Luc Besson qui réalise le film. Dans son film, les chiens ont un rôle majeur. D'ailleurs, sur place, en plus des figurants présents pour la journée au même titre que moi et Sparrow, il y avait comme une sorte de chenil provisoire avec plein de chiens tous très différents et toute une équipe dédiée à leur bien-être et à leur éducation : il y avait des dobermans, des canés corsos, des chiots dont un berger australien, je dirai une bonne vingtaine de chiens, des acteurs à quatre pattes.

Pour ceux qui ont l'expérience de la figuration, ce qui n'est pas mon cas, vous devez savoir qu'on passe beaucoup de temps à attendre. Quand arrive enfin notre tour, on nous apprend qu'on va tourner en extérieur, à quelques minutes des studios. Allez, c'est parti, on se rend à l'adresse indiquée. L'équipe de tournage installe tout le matériel. On tourne sur un terrain abandonné, on dirait un ancien entrepôt avec un grand parking. Sparrow devait jouer le rôle d'un chien errant qui sort de son abri de fortune en courant. Il était alors placé à l'intérieur du bâtiment que l'équipe de tournage avait pris soin de sécuriser avec des protections au sol pour ne pas blesser les pattes des chiens. Une des personnes de l'équipe du film chargée de s'occuper des animaux tenait Sparrow et dès que le signal était donné, je devais l'appeler afin qu'il sorte de cette espèce de hangar en courant et me rejoigne plus loin sur le parking. Sparrow a été super, seulement quelques prises ont suffi. Il a refait ensuite une autre prise de vue, à l'extérieur, sur le parking avec d'autres chiens figurants. Les chiens devaient passer en courant devant la caméra. Je suis impatiente de voir le résultat final quand le film sortira en salle, même si son passage ne dure que quelques secondes !

Ne plus passer inaperçu

Toutes les personnes vivant avec des chiens le savent bien, le fait d'avoir un chien et de le promener facilite les échanges et les rencontres entre voisins ou toute personne croisée dans la rue.

Alors quand en plus votre chien est encore un chiot et a une jolie cape bleue avec inscrit « élève chien guide », les contacts se multiplient ! Forcément un chien attire le regard et un chiot encore plus surtout envers les amoureux des animaux. Qui n'a jamais craqué devant une petite bouille de chiot Labrador ?

Ça fait partie du rôle de famille d'accueil, également, de présenter ce qu'on fait en tant que bénévole et de représenter l'école. Très souvent, les personnes que je croise dans la rue, les commerces ou autres endroits, m'interpellent pour en savoir plus sur ce que je fais. En devenant famille d'accueil, on ne sort plus de chez soi discrètement ! C'est généralement toujours un plaisir de répondre aux interrogations des personnes que je croise, mais il est vrai que parfois, quand on est pressé par exemple, on n'est pas toujours disposé à répondre aux questions de tout le monde. Il faut savoir aussi qu'on répète beaucoup les mêmes choses. Forcément, les gens se posent souvent les mêmes questions et on se retrouve en une heure à répéter trois fois la même chose à trois personnes différentes. Être famille d'accueil nécessite beaucoup de patience, et pas seulement avec les chiens, vous comprendrez ! Nos petits chiots suscitent l'intérêt des personnes d'âge, milieu social et univers très différents. Répondre à tous c'est aussi ce qui m'a motivée à écrire ce livre.

Il m'est déjà arrivé aussi que certaines personnes, voyant le dossard du chien, pensent que je suis malvoyante. Dans ces situations, généralement je leur explique que j'éduque juste le chien, mais que je n'ai aucun problème, ou alors je ne dis rien pour ne pas vexer la personne. La dernière fois que ça m'est arrivé c'était avec un gardien de musée qui m'indiquait l'ascenseur afin d'éviter des escaliers. Sinon, la plupart du temps, ce sont des passants qui m'aident à traverser.

Il m'est aussi arrivé de croiser d'anciennes familles d'accueil ou des bénévoles de l'association. Récemment c'est dans le métro que j'ai croisé une bénévole de l'école.

Une fois que les personnes de votre entourage sont habituées à vous voir tout le temps avec le chien, le jour où ils vous voient sans lui, ils sont surpris. C'est ce qui m'arrive régulièrement au petit supermarché en face de mon travail où j'ai l'habitude d'aller me chercher à manger le midi : « bah vous n'avez pas le chien aujourd'hui » alors j'explique que « non il est à l'école », par exemple quand il est en stage, ce qui peut entraîner des regards interloqués « à l'école ? Il va à l'école lui aussi » et « oui », j'explique alors que toute la partie technique de guidage s'apprend à l'école avec un éducateur canin professionnel. Ce sont surtout mes collègues qui sont déçus quand le chien est en stage et que je me rends au travail sans lui, il laisse un vide.

Hormis dans la rue, quand je rentre dans un endroit interdit aux chiens avec un élève chien-guide, automatiquement tous les regards se portent tout d'abord sur le chien, puis sur la personne au bout de la laisse, moi. C'est sûr qu'il est impossible de passer inaperçue lorsque j'entre dans un supermarché, un musée, cinéma, ou autre endroit. Au début c'est drôle de voir le regard interloqué des personnes qui s'arrête d'abord sur le chien, puis vous voyez que la personne lit ce qui est inscrit sur son dossard ou regarde le pictogramme d'élève chien-guide, ensuite la personne vous regarde pour voir si vous n'êtes pas aveugle. Avec l'expérience j'ai appris à ne plus me soucier du regard des gens, mais c'est vrai que les premiers temps ça peut être difficile à gérer toutes ces paires d'yeux sur soi.

Nos petits élèves sont tellement sages qu'il arrive également l'effet inverse. Par exemple, alors que j'assistais à une réunion pour mon travail, à la fin de la séance, quand tout le monde se lève pour repartir, les gens me voient avec le chien et me disent qu'ils n'avaient même pas remarqué qu'il y avait un chien dans la salle. En effet, mes élèves sont tellement sages et habitués à m'accompagner qu'ils identifient les moments où ils doivent prendre leur mal en patience, comme les réunions, et ils profitent de ces instants pour faire une bonne sieste, très discrets, certaines personnes ne les remarquent même pas. Il m'arrive souvent la même chose quand je reçois des personnes en entretien dans mon bureau. Le chien dort, les personnes n'y prêtent pas attention. Et puis, le chien va se mettre à bâiller ou à bouger et faire du bruit et c'est à ce moment-là que les gens sont surpris et me disent « Ah ! mais il y a un chien ?! Je ne l'avais pas vu ! ».

Accessibilité et textes de loi

Il me paraît important de rappeler quelques règles sur l'accessibilité des chiens-guides et élèves chiens-guides. Même si ces derniers temps, grâce à des reportages dans les médias ou malheureusement via des scandales relayés par la presse, l'accessibilité des chiens-guides semble mieux connue et je trouve qu'en six ans de bénévolat, j'ai beaucoup moins de refus d'accès qu'au début.

Voici les principaux textes de loi[3] :

➢**Accès et gratuité aux lieux publics et transports**

Article 88 de la loi n° 87-588 du 30 juillet 1987 modifié par l'ordonnance 2014-1090 du 26 septembre 2014 puis par la loi n° 2016-1321 du 7 octobre 2016.

« Art. 88. - L'accès aux transports, aux lieux ouverts au public, ainsi qu'à ceux permettant une activité professionnelle, formatrice ou éducative est autorisé aux chiens-guides d'aveugle ou d'assistance accompagnant les personnes titulaires de la carte d'invalidité prévue à l'article L. 241-3 du code de l'action sociale et des familles ou de la carte de priorité pour personne handicapée prévue à l'article L. 241-3-1 du même code ou la personne chargée de leur éducation pendant toute leur période de formation. »

« La présence du chien-guide d'aveugle ou d'assistance aux côtés de la personne handicapée ne doit pas entraîner de facturation

[3] https://www.legifrance.gouv.fr

supplémentaire dans l'accès aux services et prestations auxquels celle-ci peut prétendre. »

➢Chiens en formation

Décret n° 2014-362 du 20 mars 2014 relatif à la labellisation des centres d'éducation des chiens d'assistance et des centres d'éducation des chiens-guides d'aveugles et à la création d'un certificat national.

Art. D. 245–24– 4 du Code de l'action sociale et des familles : « Un certificat national, dont le modèle est fixé par arrêté conjoint du ministre chargé des personnes handicapées et du ministre chargé de l'agriculture, est remis aux détenteurs de chiens en formation, en activité ou non. Ce certificat est délivré sous la responsabilité des centres qui détiennent le label mentionné à l'article D. 245-24-1.

Ce certificat justifie de l'éducation du chien par un centre labellisé et permet l'accès aux transports, aux lieux ouverts au public ainsi qu'à ceux permettant une activité professionnelle, formatrice ou éducative. »

➢Dispense de muselière

Loi n° 2005-102 du 11 février 2005 pour l'égalité des droits et des chances, la participation et la citoyenneté des personnes handicapées.

Article 53 : « L. 211-30. Les chiens accompagnant les personnes handicapées, quel que soit le type de handicap, moteur, sensoriel ou mental, et dont les propriétaires justifient de l'éducation de l'animal sont dispensés du port de la muselière dans les transports, les lieux publics, les locaux ouverts au public ainsi que ceux permettant une activité professionnelle, formatrice ou éducative. »

➢Rôle de la famille d'accueil

Arrêté du 20 mars 2014 relatif aux critères techniques de labellisation des centres d'éducation des chiens d'assistance et des centres d'éducation des chiens-guides d'aveugles et à la création d'un certificat national

Article 6 Annexe II Chapitre II. II

« 1. Définition de la famille d'accueil.

La famille d'accueil, dans son ensemble, s'engage bénévolement à socialiser, selon des données fournies par le centre d'éducation de chiens-guides d'aveugles, un chiot qui lui est confié de l'âge de 8 semaines jusqu'à 12 mois et plus si nécessaire.

Des chiens en éducation, de 12 à 18 mois environ, qui sont rentrés au centre d'éducation de chiens-guides d'aveugles pour leur formation peuvent également être confiés à leur famille d'accueil pour les week-ends et les vacances.

Il importe que la famille d'accueil assure au chiot stabilité et équilibre pour un bon développement psychologique.

La socialisation du chiot comprend l'accès à un maximum de lieux qu'il sera amené à fréquenter plus tard avec son maître aveugle ou malvoyant : transports publics, commerces, bureaux, administrations. »

➢Sanctions de refus

Article R. 241-22 du code de l'action sociale et des familles modifié par le décret n° 2005-1714 du 29 décembre 2005 relatif à la carte d'invalidité :

« Le fait d'interdire l'accès aux lieux ouverts au public aux chiens accompagnant les personnes titulaires de la carte d'invalidité est puni de l'amende prévue pour les contraventions de la troisième classe, soit 150 à 450 €.

En vertu de l'article 529 du code de procédure pénale, un agent de police, sur constatation de l'infraction, peut dresser la contravention sans qu'il soit nécessaire de déposer une plainte. »

Pour résumer, la loi autorise les familles d'accueil à se rendre partout avec leur élève chien-guide. Il arrive cependant que certaines personnes n'aient pas connaissance de cette loi, tout simplement parce qu'elles n'y ont jamais été confrontées. C'est souvent de là que peuvent naître des incompréhensions. Je vous ai déjà relaté précédemment une mésaventure dans le supermarché près de chez moi, mais j'en ai eu bien d'autres ! Heureusement tout s'est toujours bien terminé dans l'ensemble, en tous cas, je n'ai jamais renoncé à entrer quelque part même si au début on ne voulait pas me laisser entrer avec le chien, quitte à faire intervenir les forces de l'ordre. Cela m'est arrivé une fois.

Là où je rencontre le plus de problèmes d'accès, c'est dans les supermarchés de petite ou moyenne taille. C'est généralement l'agent de sécurité qui est mal informé et qui fait barrage, mais quand j'explique que le chien est un chien-guide généralement il comprend et si ce n'est pas le cas je demande à parler au responsable et il me laisse entrer sans soucis. Une fois ça a été un peu plus compliqué. J'étais dans Paris avec Nani et mon fils alors âgé d'environ six ans, et nous nous apprêtions à entrer dans une salle de jeux bien connue. Déjà je n'étais pas très emballée par cette idée car je n'apprécie guère l'univers des jeux vidéo et autres machines de jeu, mais que ne ferions-nous pas pour faire plaisir à nos enfants ? Alors qu'avec mon fils et Nani nous nous apprêtions à entrer, le vigile, de loin, nous fait un « non » de la main. Je continue d'avancer et je m'approche de lui, il me dit « vous ne pouvez pas rentrer avec le chien », je lui explique que c'est un chien-guide que la loi l'autorise à se rendre partout, ce à quoi il me répond « mais vous n'êtes pas aveugle », le grand classique. Alors je lui réponds, toujours très calmement, qu'en effet, le chien est en formation et ça fait partie de son apprentissage de m'accompagner partout et qu'il en a le droit. Je lui montre que c'est bien marqué sur son dossard. Je lui suggère d'appeler le responsable ce qu'il finit par faire. Le responsable ne se déplace pas, mais pose des questions par l'intermédiaire de l'agent de sécurité par téléphone. Il me dit que non, je ne suis pas autorisée à entrer, j'insiste encore, je répète les textes de loi. Le responsable me demande de prouver que ce n'est pas moi qui ai créé le dossard du chien et de lui prouver ce que je dis. Je dis que j'ai bien une carte qui prouve que le chien est réellement un élève chien-guide. Le vigile me dit que le responsable veut voir cette carte. Heureusement je l'ai toujours sur moi. Je la remets à l'agent de sécurité. Il part quelques minutes pour la monter au responsable, qui ne se déplace toujours pas. Et finalement après plusieurs minutes je suis enfin autorisée à entrer ! Mes nerfs auront été mis à rude épreuve ! Et le plus drôle pour finir cette histoire, c'est qu'après avoir bataillé pour entrer, au bout de quelques minutes à se frayer un chemin dans la foule, le bruit, etc. Nani finit par lâcher un petit vomi sur la moquette rouge ! Bien sûr j'ai nettoyé, mais intérieurement je riais ! Cadeau de la maison pour vous remercier de votre accueil !

Comme je le disais, je n'ai jamais renoncé à entrer quelque part même quand on m'en refusait l'accès. Me sachant dans mon droit, il est normal pour moi d'insister pour faire appliquer la loi. Et pour moi, en tant que famille d'accueil, l'enjeu n'est pas le même que pour un déficient visuel et je me dis que cette petite bataille que je vais gagner en informant le commerçant sur l'accessibilité du chien-guide permettra à un futur déficient visuel de ne pas être confronté à un refus, car le commerçant sera informé pour la prochaine fois, c'est de la pédagogie.

La seule fois où j'ai dû avoir recours aux forces de l'ordre pour accéder quelque part c'était au salon de l'automobile à Paris en 2018. J'étais avec mon mari, les enfants et des amis. Toujours avec Nani ma première élève. Au niveau des portiques de sécurité, l'agent de sécurité m'arrête. Je lui explique, comme d'habitude, le chien-guide, la loi, etc. Il communique au talkie-walkie avec le responsable du site. On me demande quels sont les textes de loi, je les donne. L'agent de sécurité qui est en face de moi dit au responsable via le Talkie-Walkie « la dame n'est pas aveugle, c'est un chien en formation », cette phrase très orientée pousse le responsable à refuser notre entrée alors je dis bien à l'agent de sécurité de préciser au responsable que le chien en formation a les mêmes droits que le chien qui guide un aveugle. On me répond ensuite qu'ici ce n'est pas un lieu public, mais c'est privé, ce à quoi je rétorque que c'est un lieu privé, certes, mais ouvert au public, c'est bien ce que dit la loi. L'agent de sécurité me dit que non, il n'est pas autorisé à me laisser rentrer avec le chien. Voyant que le dialogue ne semble plus possible et ne voyant plus de solution, un de nos amis avec qui nous étions décide d'aller voir les policiers situés à l'entrée pour leur demander de l'aide. Il revient avec trois policiers qui ont bien voulu plaider notre cause auprès de l'agent de sécurité. Ce dernier rappelle donc son chef en lui expliquant que nous sommes revenus accompagnés des forces de l'ordre et là, comme par hasard, plus de problème, on nous autorise enfin à entrer ! Et Nani, fidèle à elle-même, n'en pouvant plus d'attendre, a lâché un petit vomi de bile pour remercier le salon pour l'accueil qui lui a été fait !

C'est fou cette histoire, les deux fois où j'ai vraiment dû batailler pour la faire entrer quelque part, elle a vomi, ça ne peut pas être une coïncidence !

Un caractère forgé

Vous comprendrez qu'en devenant famille d'accueil, vos compétences sociales sont développées. En effet, en plus d'expliquer aux passants qui vous sollicitent ce que vous faites, il faut pouvoir tenir tête aux agents de sécurité ou commerçants qui d'emblée vous refusent l'entrée avant même de vous laisser vous expliquer. Tout cela va vous permettre de développer une certaine force de caractère.

Au début, on ose à peine entrer, on s'excuse, on explique, on attend l'autorisation. Maintenant j'assume, je rentre, tête haute et si on vient me chercher, j'explique tout en restant ferme et polie que le chien a le droit d'être là, c'est la loi, et toujours avec le sourire !

De par ma profession je suis en contact journalier avec des personnes d'horizons différents et j'ai l'habitude de communiquer avec des personnes d'univers variés, je pense aussi que cela m'a aidée à toujours aller de l'avant et à ne jamais renoncer face à un premier refus. C'est important de se battre pour une cause juste, quand on sait qu'on est dans son droit, il ne faut pas se laisser abuser. Il m'est arrivé que des agents de prévention et de sécurité tentent de m'intimider, mais je ne me suis jamais laissée faire, au contraire, ce genre d'attitude m'offusque tellement qu'il m'arrive même de prendre un certain plaisir en leur prouvant qu'ils ont tort, et encore une fois, toujours très poliment. Cette expérience en tant que famille d'accueil m'aura aidée à prendre confiance en moi, expliquer, argumenter et ne pas renoncer.

La santé

Nos petits protégés sont des animaux et comme chez les humains, des soucis de santé ou même des accidents de la vie peuvent arriver. Je n'y ai pas échappé.

Passage obligatoire au cours des premiers mois de vie de l'animal, les rendez-vous chez le vétérinaire.

Il faut savoir que les croquettes ainsi que les frais vétérinaires sont pris en charge par l'association grâce aux dons. Pour les frais vétérinaires, l'école a un partenariat avec une clinique vétérinaire située dans Paris. Ce n'est pas forcément très pratique, car cette clinique est située en plein centre de Paris, ce qui n'est pas toujours simple pour s'y rendre en voiture et l'état de santé de nos animaux ne nous permet pas toujours d'utiliser les transports en commun.

La première visite chez le vétérinaire pour la famille d'accueil et son élève a lieu assez vite, vers les trois mois du chiot pour son rappel de vaccins. Cette visite permet au vétérinaire de s'assurer que le chien est en bonne santé et elle permet au chiot de s'habituer à cet endroit en espérant qu'il ne l'associe pas à une mauvaise expérience. Alors quand j'emmène mes petits élèves chez le vétérinaire, c'est distribution de récompenses pour en garder un bon souvenir !

Il y aura aussi une autre visite obligatoire plus tard pour la stérilisation du chien. En effet, les chiens-guides sont stérilisés pour des raisons de santé (éviter certains cancers), et bien sûr de comportement. On imagine mal une chienne en période de chaleur guider un aveugle dans la rue en risquant d'attirer les mâles ou même de finir gestante. De même il serait compliqué pour un déficient visuel d'assurer l'hygiène de sa chienne en période de chaleur. Pour les mâles, comme ils ne doivent pas marquer en levant la patte, ils sont stérilisés au moment où ils vont commencer à vouloir lever la patte pour uriner. Sauf pour certains qui sont présélectionnés pour être futurs reproducteurs. Comme l'école a son propre centre d'élevage, certains chiens seront sélectionnés pour être de futurs papas de chiens-guides. Dans ce cas, ils bénéficient d'une castration chimique en attendant la période de reproduction. Pour les femelles qui ne seront pas reproductrices, selon l'avis du vétérinaire, nous les faisons stériliser à partir de deux mois après leurs premières chaleurs.

Justement les chaleurs, parlons-en ! Avec Nani c'était la première fois que j'avais une chienne, j'ai donc découvert ce que sont les chaleurs. La monitrice qui suit notre binôme nous prévient que vers l'âge de huit à dix mois environ les chaleurs devraient faire leur apparition. Certains signes peuvent apparaître chez la chienne quelques jours avant. Alors, j'attends, je guette… et enfin un jour, première goutte de sang, ça y est, les chaleurs sont arrivées ! Je préviens la monitrice qui me donne quelques recommandations telles que ne pas emmener la chienne en détente avec d'autres chiens, pas de nouvel apprentissage non plus, car elle peut être perturbée ou fatiguée, etc.

Heureusement, Nani ne perdait pas trop de sang, mais tout de même, avoir une chienne en chaleur nécessitait de l'hygiène. Déjà, nettoyer le sol et sa place tous les jours, faire attention à l'endroit où on emmène la chienne. Pour ma part, durant sa période de chaleur je n'emmenais pas Nani quand je faisais mes courses, je continuais de l'emmener avec moi au travail, car elle restait au calme dans mon bureau et heureusement le sol de mon bureau est en lino donc facile à nettoyer. Elle a dû perdre des gouttelettes de sang pendant une petite dizaine de jours. Au niveau du comportement je ne l'ai pas trouvée changée, ça n'a pas semblé la perturber.

Les chaleurs étant passées, il faut prévoir le rendez-vous chez le vétérinaire dans les prochaines semaines.

Le jour de la stérilisation arrive. Déjà le matin, la chienne n'a pas ses croquettes, il faut rester à jeun pour l'opération. La pauvre, elle tourne autour de sa gamelle l'air de dire « Hé ho ! T'as pas oublié quelque chose ? J'ai faim, moi ! ». Allez, en voiture, direction le vétérinaire. Elle reconnaît l'endroit, ses odeurs, il y a d'autres chiens dans la salle d'attente, mais on n'a pas le droit de jouer, c'est pas drôle. Puis une assistante vient récupérer Nani, c'est le moment de se dire au revoir et à ce soir. La journée passe, puis je pars récupérer la chienne au cabinet vétérinaire. Je patiente en salle d'attente, puis vient mon tour. Le vétérinaire m'explique que tout s'est bien passé, qu'elle est encore un peu groggy sous l'effet de l'anesthésie, qu'il faut la laisser au repos au moins 24 heures. Elle a des points de suture sur le ventre qu'il faudra nettoyer une fois par jour avec un antiseptique local et surtout bien lui laisser la collerette jusqu'au retrait des fils. Il me remet une ordonnance avec des antibiotiques et un antidouleur et va chercher la chienne. Elle arrive toute fatiguée avec sur la patte un bandage à l'emplacement du cathéter. Elle est contente de me voir. Elle sent la bétadine, une odeur d'hôpital. On repart du cabinet, la pauvre, elle a beaucoup de difficultés pour marcher, elle est dans le gaz. Par chance je ne suis pas garée trop loin. Je dois la porter pour la faire monter dans la voiture. Heureusement que je suis véhiculée, elle n'aurait jamais pu rentrer en métro dans cet état, il aurait été obligatoire de prendre un taxi.

Une fois arrivée à la maison, la pauvre Nani me fait de la peine, elle a du mal à simplement rester debout, elle semble toute perdue. Je l'aide à se coucher, elle ne comprend pas bien comment se déplacer avec la collerette. Elle a une énorme cicatrice sur le ventre, entre dix et quinze centimètres, c'est impressionnant. Je lui donne une demi-ration de croquettes, sur les conseils du vétérinaire et dodo.

Le lendemain matin elle semble aller mieux, elle a retrouvé de l'énergie, ça fait plaisir, en revanche elle n'apprécie toujours pas la collerette, elle se cogne partout avec, ça fait du bruit, c'est vraiment pas pratique. Je lui fais les soins, elle est vraiment très mignonne, je lui apprends à se coucher sur le dos et me montrer « bobo » pour le désinfecter. Elle se laisse manipuler gentiment, je la remercie avec une bonne récompense. Je prévois toujours de faire stériliser les chiens le vendredi comme ça, ça leur permet de rester tranquilles à la maison tout le week-end avant de retourner au bureau le lundi. Pour Nani, la reprise du rythme à mon travail s'est bien passée, elle gère de mieux en mieux la collerette, elle a compris qu'elle pouvait tout faire avec : courir, manger, boire, attraper ses jouets, mais évidemment pas se lécher la cicatrice sur son ventre. Pour Nani l'opération et la convalescence se sont bien passées, ça n'a pas toujours été le cas avec les autres.

Après Nani, j'ai eu Phreeze en famille d'accueil. Quand est arrivé le moment de la stérilisation, j'appréhendais un peu, sachant maintenant à quoi m'attendre. L'opération s'est bien passée, en revanche, Phreeze ne supportait pas la collerette. Dès qu'elle l'avait, elle restait debout, immobile, elle refusait de bouger, elle était complètement bloquée. J'avais beau essayer de l'appâter avec des friandises pour la faire asseoir ou avancer, rien n'y faisait. Alors j'ai fini par lui retirer la collerette, mais en la gardant à l'œil toujours près de moi afin de m'assurer qu'elle ne se lèche pas au niveau de sa cicatrice. Malheureusement ce n'était pas la bonne solution. On apprend en faisant des erreurs… La cicatrice avait du mal à se refermer, Phreeze devait se lécher discrètement quand j'avais le dos tourné. Du coup, le jour du rendez-vous chez le vétérinaire pour faire retirer les fils, la vétérinaire n'était pas très contente et n'a pas retiré tous les fils, on a dû les laisser une semaine de plus avec cette fois-ci collerette o-bli-ga-toi-re ! Et en fait, elle a fini par s'y habituer, même si c'est vrai que ça lui a pris plus de temps qu'avec Nani, finalement au bout de quelques jours elle n'était plus traumatisée de la collerette et ses points de suture ont pu lui être retirés normalement.

Côté santé Phreeze m'a fait une belle frayeur alors qu'elle était avec moi depuis seulement quelques jours. Elle avait trois mois environ, un matin, une fois arrivée au travail, je vois que ses yeux et son museau ont gonflé, elle a les babines toutes dures, elle ne semble pas souffrir, mais sa tête est impressionnante. J'appelle l'école pour les prévenir, ils me disent d'aller d'urgence chez le vétérinaire. Il semblerait que ce soit dû à une allergie dont on ne découvrira finalement jamais la cause. Heureusement ça s'est réglé assez vite avec de la cortisone en piqûre puis en comprimés à la maison, rien de grave au final, ouf ! Ça lui arrivera une autre fois, plus de six mois plus tard, mais en moins violent, peut-être une allergie au pollen ?

Avec Olda, il m'est arrivé une aventure crado crado... Je venais de la récupérer depuis à peine deux ou trois jours, elle avait environ quatre mois (je vous raconterais le détail de notre histoire dans un chapitre suivant). J'étais au travail, mais je n'étais pas dans les locaux habituels, j'étais au siège, dans un bureau que je partage avec une collègue. Au moment de l'incident, la collègue s'était absentée du bureau. Alors que j'étais concentrée sur mon travail, Olda était en liberté dans le bureau et se baladait, et d'un coup je crois l'entendre faire pipi, alors qu'elle était déjà propre, normalement, elle savait se retenir. Je commence à pester après elle et je m'avance vers elle et là, horreur, ce n'était pas du pipi, la pauvre chienne avait une diarrhée monstrueuse ! Ni une ni deux je m'active, je cours chercher du papier absorbant dans les toilettes, je cherche un sac poubelle dans la réserve, du produit nettoyant, j'essuie le tout rapidement, je ferme le sac poubelle, heureusement c'est un sol vinyle dans le bureau. Je diffuse partout dans le bureau du désodorisant pour camoufler l'odeur, j'ouvre les fenêtres. Ensuite je sors Olda pour voir si elle n'a pas encore envie, mais tout était déjà parti. Je remonte dans le bureau, ma collègue est de retour, elle me demande si c'est moi qui ai mis du déodorant dans le bureau. Je lui explique alors ce qui s'est passé, heureusement que ça ne s'est pas produit alors qu'elle ou moi étions en entretien et que par chance j'étais seule avec Olda dans le bureau à ce moment-là ! Évidemment je prends rendez-vous chez le vétérinaire, elle repart avec un traitement pour plusieurs jours : un désinfectant et un antidiarrhéique pour ne pas qu'elle se déshydrate. Elle retrouvera un transit normal en quelques jours. Elle n'aura plus jamais de problème intestinal par la suite, heureusement.

Chez Sparrow, sa fragilité était au niveau cutané. Il a eu plusieurs problèmes de peau. La première fois c'était en retour de stage. Alors qu'il était couché en train de dormir, je remarque une petite rougeur sous son cou. Je regarde de plus près, je vois que la peau est gonflée et suinte, j'ai tout de suite pensé au Hot Spot. En effet, à force de côtoyer des chiens j'en avais déjà vus avec ce type de problème. Le Hot Spot est une lésion inflammatoire et infectée de la peau du chien. Ça a dû apparaître à force de jouer avec les autres chiens dans le box et de se mordiller. Ajouté à cela de la salive pleine de bactéries et voilà la recette idéale pour obtenir un Hot Spot. J'appelle l'école qui me dit de consulter le vétérinaire. J'appelle la clinique, ils ne peuvent nous recevoir que le lendemain, en attendant ils me donnent des conseils pour stopper la progression. Me voilà donc de retour à la maison, dans la salle de bain, avec la tondeuse de mon mari dans la main. Il faut tondre la plaie et les contours et appliquer de la bétadine pour désinfecter, et bien sûr une collerette pour ne pas que Sparrow se gratte. Ce chien est tellement docile qu'il me laisse le tondre sans réticence, c'est vraiment génial d'avoir des chiens qui vous octroient toute leur confiance. Finalement, le vétérinaire lui prescrira le traitement approprié et très vite la plaie cicatrisera en quelques jours.

L'histoire la plus difficile que j'ai vécue avec un chien du point de vue santé c'était avec Roma. Je vais vous raconter notre histoire même si cela m'affecte encore beaucoup, mais j'ai su tirer les leçons de ces moments douloureux pour avancer.

L'histoire de la santé de Roma a démarré dès le jour de la remise. Comme pour Nani, nous sommes plusieurs familles d'accueil impatientes qu'on leur présente enfin leur chiot ! La monitrice fait un topo explicatif sur chaque chien, son caractère, ses habitudes, etc. Arrivée à Roma, c'est mon tour, Labrador sable, joueuse, elle a eu des soucis de santé à l'élevage, elle a eu de fortes diarrhées, a dû être hospitalisée et opérée alors qu'elle avait à peine deux mois. Ah, pauvre petite, j'espère que ses problèmes sont résolus et que son transit fonctionne à nouveau normalement. Je me dis que décidément j'attire les chiens avec des problèmes de santé, entre Phreeze et son allergie inexpliquée et Olda qui petite m'avait fait son épisode de diarrhée gigantesque, je craignais qu'il m'arrive le même genre d'incident.

Je récupère Roma, elle est vraiment adorable, elle a un regard intense, le contour des yeux noirs sur son pelage sable on dirait qu'elle est maquillée. Cette petite chienne me fait rapidement fondre sous son charme. Je remarque qu'elle a en effet une belle cicatrice sur le ventre, on voit la marque des points de suture liés à son opération alors qu'elle était encore bébé.

Très vite je constate un souci avec Roma, malgré qu'elle ait bien compris les caniveaux, elle urine tout le temps, on dirait qu'elle n'arrive pas à se retenir. J'en ai épongé du pipi avec elle ! Heureusement à mon domicile aussi qu'au travail le sol se nettoie facilement, c'est un critère important avant d'envisager d'avoir un chiot, moquette interdite ! Il arrive que je la sorte, elle fait pipi dans les caniveaux et à peine vingt minutes après être rentrée, elle refait pipi à la maison. Je comprends qu'il y a un problème, j'en parle à ma référente à l'école qui me dit de consulter le vétérinaire. Je prends rendez-vous et il constate que ses problèmes sont dus à une infection urinaire. Je repars avec un traitement antibiotique. Avec le traitement je constate une légère amélioration, mais ce n'est pas encore ça non plus et finalement une fois la prescription terminée, le problème revient. Elle fait pipi parfois toutes les vingt minutes alors qu'à son âge elle devrait pouvoir tenir au moins deux heures, en plus je sais qu'elle ne fait pas exprès, car quand je la sors et lui demande de faire dans les caniveaux elle le fait très bien. On retourne chez le vétérinaire, cette fois-ci, il réalise un prélèvement d'urine directement dans la vessie afin d'identifier la bactérie responsable de son infection et de trouver le traitement antibiotique adapté. Il s'avère que la bactérie en question est l'Escherichia Coli. Le vétérinaire lui prescrit de nouveaux antibiotiques. Son état s'améliore, mais tout de même ses problèmes reviennent rapidement. Elle arrive maintenant à bien se retenir, mais il faut que je la sorte toutes les 1 h 30 à 2 h, alors qu'à son âge elle devrait normalement pouvoir tenir 3 ou 4 heures. On retourne à nouveau chez le vétérinaire qui m'explique qu'elle doit avoir une fragilité au niveau de ses défenses immunitaires et que, pour éviter de nouvelles infections, il va falloir que je lui fasse régulièrement un lavement vaginal à la bétadine. Me voilà bien gâtée ! Concrètement tous les soirs je dois diluer de la bétadine vaginale avec de l'eau tiède et réaliser des lavements vaginaux en lui insérant le mélange à l'aide d'une seringue. Évidemment ça en met partout donc il faut le faire dans la baignoire. Bref, tout cela est très pratique. Enfin, son état de santé se maintient, elle se retient maintenant normalement, on retrouve une vie à peu près normale avec Roma. Jusqu'au jour du drame.

C'était un jour de pluie, j'étais en voiture avec Roma et comme d'habitude, je me rendais au travail. Je me gare dans la rue. Je sors du véhicule et j'ouvre la porte arrière pour faire sortir Roma, côté rue. Je prends sa laisse, elle descend, il pleut, je suis pressée, je referme la porte. La chienne couine, je constate que l'extrémité de sa queue est coincée dans la porte, je rouvre immédiatement la porte, je regarde sa queue afin de vérifier qu'elle ne soit pas blessée et on se dirige vers le travail. Elle va très bien, je ne m'inquiète pas, on franchit la porte d'entrée du travail et comme tous les matins elle fait la fête à mes collègues, câlins, caresses, elle est toute joyeuse et remue énergiquement la queue, et là… l'horreur, du sang gicle du sol au plafond en passant par les murs, il y en a partout. Mes collègues et moi sommes en panique, on essaie de calmer la chienne, mais comme elle n'a pas mal et qu'elle est toute contente qu'on s'intéresse à elle, elle remue d'autant plus la queue et le sang s'écoule partout, une vraie scène de crime digne d'un film d'horreur. On essaie tant bien que mal de réaliser un bandage avec de l'essuie-tout, mais rien ne tient sur ses poils et avec sa queue qui continue de remuer. Je décide de partir vite au centre hospitalier vétérinaire le plus proche. Pendant ce temps-là mes collègues se démènent pour nettoyer les gouttes de sang sur les murs, les meubles, partout, oui j'ai des collègues formidables ! Je suis en panique dans la voiture j'ai peur que la chienne perde trop de sang, ce qui me rassure c'est qu'elle va très bien, elle ne souffre pas et ne comprend même pas ce qui lui arrive. Arrivées à la clinique vétérinaire, je suis en pleurs, j'explique l'urgence, je m'excuse du sang qui coule partout. On nous fait patienter… le sang continue de se répandre, Roma repeint le sol de la salle d'attente. Enfin une vétérinaire nous prend en charge. Elle rase le bout de la queue de Roma pour voir la plaie qui est minime, mais une veine a été sectionnée ce qui explique le sang. Elle réalise un bandage afin que ça tienne bien sur sa queue et me dit de retourner chez mon vétérinaire habituel dans un jour ou deux pour voir l'évolution.

Je retourne au travail avec Roma, je rassure mes collègues, ce n'est pas grave, on va surveiller la plaie et tout devrait rentrer dans l'ordre. Je remercie mes collègues d'avoir tout nettoyé pendant que nous étions Roma et moi chez le vétérinaire. La journée se poursuit à peu près normalement. Cependant je constate dans l'après-midi que du sang transperce le bandage qu'a effectué le vétérinaire. Je retourne donc en fin de journée à la clinique pour refaire le bandage de Roma.

Deux jours passent et le rendez-vous de contrôle à la clinique arrive. La cicatrice semble propre, la vétérinaire me dit qu'il faut refaire le pansement tous les jours et m'explique comment procéder. Me voilà maintenant avec une énorme trousse à pharmacie spéciale Roma avec sérum physiologique, Bétadine, compresses, bandages adhésifs et auto-agrippant, pommade cicatrisante au miel, la totale ! La vétérinaire est confiante quant à la cicatrisation, elle me dit de revenir d'ici une dizaine de jours pour voir l'avancée de la plaie.

Les jours passent, je prends soin de la plaie de Roma qui est vraiment adorable et se laisse manipuler facilement malgré la douleur. Seulement lors du rendez-vous à la clinique, le vétérinaire estime que ça ne cicatrise pas assez vite et il décide alors d'opérer afin d'amputer une vertèbre pour recoudre proprement. Coup de massue pour moi, je ne m'attendais pas à ce qu'on soit obligé d'opérer, je pensais que la plaie allait cicatriser, mais non. Je culpabilise, je m'en veux de lui faire subir tout ça.

Le jour de l'intervention arrive, je la dépose à jeun le matin la boule au ventre. Quand je la récupère le soir, le vétérinaire me montre sa queue et les points de suture qu'il faudra nettoyer tous les jours. Ce n'est pas très joli, mais au moins la cicatrice est propre, je me dis que maintenant ça va pouvoir cicatriser et qu'elle pourra retrouver une vie normale d'élève chien-guide. Roma sera sous antihémorragiques, anti-inflammatoires et antibiotiques.

Le problème avec les anti-inflammatoires c'est que ça donne encore plus envie d'uriner à Roma. Elle qui déjà avait tendance à faire souvent pipi à cause de ses cystites à répétition, le problème recommence ! Heureusement elle ne restera que quelques jours sous anti-inflammatoires. Les premiers jours la plaie est belle, je désinfecte tous les jours, les soins se passent bien, mais la plaie semble très douloureuse pour Roma. Et au bout de quatre ou cinq jours, je trouve que la plaie commence à noircir. J'ai un mauvais pressentiment. J'appelle le vétérinaire, j'envoie des photos, il me dit de passer en urgence. Le verdict tombe, il faut la réopérer, elle fait une nécrose. Rebelote, la culpabilité ajoutée à la fatigue, j'ai l'impression de vivre un cauchemar, et cette pauvre petite Roma qui n'a rien demandé qui se retrouve à subir tout ça, c'est injuste.

Deuxième opération, la queue de Roma raccourcit sévèrement, le vétérinaire a dû amputer de plusieurs vertèbres afin d'être certain de bien retirer tous les tissus nécrosés. Il me fait une nouvelle ordonnance en changeant d'antibiotiques, vu que les autres n'ont pas été efficaces. J'angoisse tellement… À chaque fois que je défaisais son pansement, j'avais peur de voir l'état de sa cicatrice, peur de l'infection à nouveau. Mais heureusement la plaie commençait à bien cicatriser, cette fois-ci j'y crois, c'est la bonne !

Et là, surprise… je m'aperçois que Roma a ses chaleurs ! Comme si ce n'était pas déjà assez compliqué comme ça. C'est là que je découvre les culottes pour chiennes en chaleur, plutôt utile pour éviter de retrouver des gouttes de sang partout, mais ça donne un drôle de style à la pauvre chienne, entre sa culotte, son pansement à la queue et la collerette pour ne pas se lécher la plaie et arracher son pansement, la pauvre chienne !

Et puis au bout de plusieurs jours, c'est le drame. Je retire le pansement et là, c'est l'horreur, il y carrément le bout de chair de sa queue qui s'est détaché et est resté dans le pansement, ça suinte c'est un vrai cauchemar. J'arrive quand même à lui refaire un pansement propre malgré le choc et je file chez le vétérinaire, c'est le soir, elle restera à la clinique pour la nuit et sera opérée le lendemain matin. Ce sera sa troisième opération ! Je pleure à n'en plus finir, je suis épuisée, je m'en veux, je cherche les raisons. Comment c'est possible qu'après chaque opération ça ne cicatrise pas ? Je suis exténuée. J'échange par message avec l'école qui me propose de prendre le relais, elle effectuera sa convalescence à l'école, et en effet, je ne suis plus en état psychologique de m'en occuper, même si j'ai l'impression de l'abandonner je me dis que ce n'est plus possible, je n'y arrive plus, et au moins à l'école elle sera sous la surveillance de professionnels.

Elle passe ses journées dans les bureaux administratifs et le soir elle retourne en box. Elle s'adapte tant bien que mal à ce nouveau rythme de vie. Je viens lui rendre visite tous les week-ends, je l'emmène faire un petit tour dans le bois situé derrière l'école, je lui fais plein de câlins, j'espère lui donner de la force. L'école me donne de ses nouvelles. Les premiers jours tout se passe bien, la cicatrice est propre. Puis au bout de quelques jours, à nouveau la plaie suinte, la cicatrisation ne se fait pas correctement. Une professionnelle de l'école emmène Roma chez le vétérinaire. Cette fois-ci, le vétérinaire effectue un prélèvement des tissus morts pour les faire analyser, il ne la réopère pas, mais retire toutes les chairs mortes. Deux jours après les résultats de la biopsie arrivent, il s'avère que Roma est porteuse de deux bactéries : Staphylocoque et Pseudomonas, et ces bactéries sont résistantes aux antibiotiques classiques qui lui avaient été prescrits jusqu'alors. Voilà pourquoi, systématiquement, après chaque opération, elle ne cicatrisait pas. Elle va maintenant enfin pouvoir recevoir l'antibiothérapie adaptée ! Et en effet, après quelques jours, la chair commence à se reconstituer au niveau de la plaie et après quelques semaines on peut dire que sa queue est enfin cicatrisée !

La communication animale

Il faut que je vous partage cette histoire étonnante qui s'est passée avec Phreeze.

Phreeze avait la mauvaise habitude de se mettre à aboyer la nuit quand elle entendait du bruit à l'extérieur. Toutes les nuits elle nous réveillait, je devais me lever, lui dire d'arrêter, la rassurer et tenter de me rendormir.

Un jour, alors que nous sommes en pleine séance de câlins toutes les deux, je me mets à lui murmurer : « Tu sais Phreeze, la nuit c'est fait pour dormir, il ne faut pas aboyer, ça nous réveille et on n'est pas content. Et tu sais, tu peux être tranquille la nuit même si tu entends du bruit il n'y a rien de grave, ce sont juste les voisins ou des chats qui passent devant la porte. Tu n'as pas besoin d'aboyer, ce n'est pas ton rôle. » Je lui répète tranquillement de ne pas aboyer la nuit, tout en lui faisant des papouilles.

La journée se termine, tout le monde va se coucher. Le lendemain matin je me réveille, je sors de la chambre, Phreeze me fait un gros câlin, et là, je me rends compte qu'elle n'a pas aboyé cette nuit. Je la félicite : « c'est bien Phreeze, tu as compris, tu n'as pas aboyé, bravo ! Tu vois, pas besoin d'aboyer, tout s'est bien passé, c'est bien mon toutou ».

J'étais à la fois contente, mais aussi surprise qu'elle n'ait pas aboyé. Je me demande alors : elle a compris ce que je lui ai dit ? Comment c'est possible, j'ai fait des phrases trop compliquées pour qu'elle comprenne ? Qu'est-ce qu'il s'est passé entre nous, pendant ce moment privilégié de partage où je lui faisais des papouilles, calmement, pour que le message passe ?

C'est alors que, pour trouver une explication, j'ai commencé à faire des recherches. Et là, j'ai découvert la communication animale. Cela peut paraître farfelu pour les plus cartésiens, mais c'est la seule explication que j'ai trouvée.

La communication animale est en quelque sorte un échange télépathique entre l'animal et l'homme. J'ai cherché à me documenter sur le sujet, j'ai lu des livres de différents auteurs dont certains donnaient leur méthode pour entrer en communication avec les animaux. J'ai même suivi une formation. Je pense qu'il n'y a pas de méthode universelle pour arriver à réaliser une communication animale, c'est quelque chose de personnel et chacun peut y arriver à condition qu'il y croie et qu'il soit dans de bonnes conditions. C'était mon cas quand j'ai parlé à Phreeze, nous étions au calme, à la maison, j'étais assise par terre avec elle, je la caressais, nous étions déjà dans un état de partage, dans notre bulle, et quand je lui ai dit tout naturellement qu'il fallait qu'elle arrête d'aboyer, je pense qu'elle a saisi le message, pas les mots, mais l'intention, le message que je voulais lui faire passer.

Les personnes vivant avec des chiens leur parlent souvent, c'est bien connu, souvent moqué, mais maintenant je sais qu'il y a de bonnes raisons à cela, car oui, ils comprennent nos messages. Encore une fois ils ne déchiffrent pas les mots prononcés, du moins pas tous, mais ils comprennent le sens qu'on y met, l'intention, et le message au-delà des mots.

Ils n'arrivent pas dans nos vies par hasard

Je suis persuadée que chaque chien a une mission à accomplir dans la vie de la personne qui le recueille. Chaque animal n'arrive pas dans nos vies par hasard.

Je vais vous raconter comment s'est formé notre binôme avec Olda.

Mon parcours avec Nani était terminé, l'aventure famille d'accueil m'avait tellement plu que je comptais bien recommencer. J'étais en attente d'un nouveau chiot, mais l'école m'indiquait alors que les prochains chiots disponibles devraient être remis en famille d'ici à peu près trois mois. En attendant, on me propose d'être famille relais. J'accepte. On me confie d'abord Oasis, un Labrador chocolat. Je le garde une dizaine de jours pendant que sa famille d'accueil est à l'étranger. Ce qui m'a impressionnée avec Oasis, car c'était mon premier relais, c'est que très vite le chien était en confiance avec moi, il m'avait identifiée comme étant sa personne référente, il se couchait sur mes pieds. C'est surprenant comment nos élèves chiens-guides s'adaptent à un nouvel environnement et de nouvelles personnes. Ça me rassure énormément, car je me dis qu'à l'inverse, quand un de mes élèves part en stage ou en famille relais, il n'est pas malheureux et s'adapte également rapidement.

Il est temps pour moi de raccompagner Oasis à l'école afin qu'il retrouve sa famille. Je rentre chez moi, et une heure après je reçois un appel de l'école. La monitrice m'indique alors qu'elle recherche en urgence une famille pour un relais, que c'est pour un jeune chiot de quatre mois et qu'elle souhaite une famille expérimentée. C'est tout réfléchi, je repars direction l'école des chiens-guides !

Une fois arrivée, je rencontre Olda, une magnifique chienne Labrador sable. Elle est tellement mignonne, on dirait un petit lionceau. Je demande à la monitrice comment ça se fait qu'une si jeune chienne soit placée en relais et elle m'explique que sa famille d'accueil a eu une urgence, elle doit partir en province au chevet d'une personne de sa famille, c'est la raison pour laquelle ce relais est un peu précipité.

Je rentre à la maison avec Olda, je la caresse, je la papouille, elle me fait vraiment craquer. Cette petite chienne est calme, très câline, elle est très à l'aise et raffole des caresses. J'ai un vrai coup de cœur pour elle. Je devais la garder une semaine, le temps que sa famille puisse revenir à Paris. Olda a déjà acquis de bonnes bases malgré son jeune âge, elle connaît les caniveaux, elle reste seule quelques minutes sans faire de bêtises, tout se passe nickel. Je l'emmène au travail, elle sait rester sage et on profite de la pause déjeuner pour aller jouer et courir. Je m'attache beaucoup à cette petite boule de poils. La date de fin de relais approche, ça ne me réjouit pas du tout. Je reçois alors un appel de la monitrice qui me demande si je peux garder Olda encore quelques jours. Évidemment c'est un grand oui ! Je suis tellement contente de pouvoir passer un peu plus de temps avec elle.

Quelques jours après le relais touche à sa fin, je suis dépitée, je me suis tellement attachée à elle que je n'ai vraiment pas envie qu'elle parte, même si je sais bien que cela fait partie du jeu.

Me voilà de retour à l'école, à contrecœur, il faut que je ramène Olda à sa famille. Je me souviens qu'en arrivant j'ai dit à la monitrice, pour plaisanter, que j'avais failli ne pas venir, je n'avais pas envie de me séparer d'Olda. Sa famille est là, j'en profite pour échanger avec elle. Elle m'explique les raisons de ce relais précipité, qu'il était impossible pour elle de s'occuper d'Olda avec les allers-retours à l'hôpital, ce que je comprends parfaitement. Je lui raconte alors que ce n'est vraiment pas un problème pour moi, au contraire, je suis ravie d'avoir pu m'occuper d'Olda pendant ce temps-là et que de toute façon je comptais reprendre un élève chien-guide rapidement en tant que famille d'accueil. Je lui tends la laisse, il est temps pour Olda de retourner dans sa famille d'accueil d'origine.

Je rentre à la maison d'humeur morose, l'endroit me paraît bien vide sans Olda, pas de petit toutou qui me suit partout, pas de chiot à papouiller, personne pour me faire la fête le matin quand j'ouvre la porte du salon. Olda me manque tellement.

Ça a été difficile quand j'ai dû me séparer de Nani, mais là vraiment avec Olda il s'est passé quelque chose, dès le premier jour où je l'ai ramenée à la maison, j'ai senti comme une connexion. On a beau tous les aimer, on n'a pas le même ressenti avec tous les chiens.

Au bout de seulement quelques jours, je reçois un nouvel appel de l'école des chiens-guides, c'est la monitrice, elle me demande si je peux m'occuper d'Olda, mais cette fois-ci pour devenir officiellement sa famille d'accueil et non plus pour un relais. Je saute de joie, c'était exactement ce que je voulais. J'ai tellement désiré cette chienne, pouvoir la garder, passer plus de temps avec elle, et c'est ce qui est en train de se passer. Mon souhait profond devient réalité. Je pars récupérer ma petite protégée, le cœur palpitant et rempli de joie. Je retrouve Olda tellement contente, je signe les documents nécessaires, c'est officiel, me voilà sa famille d'accueil.

Cette connexion que j'ai eue avec Olda était vraiment particulière. Bien sûr à chaque chien un lien très fort s'est créé, mais ce qui a été unique avec Olda c'est que le lien a été instantané, dès le premier jour où elle est arrivée à la maison c'est comme si je savais qu'elle resterait avec moi, non pas seulement quelques jours, mais une année.

Des compétences sociales développées

Comme je l'ai déjà évoqué, s'imposer dans certains lieux avec un chien-guide n'est pas toujours évident, d'autant plus quand l'accueil est plutôt froid. Par ailleurs, vous devenez le centre d'attention des personnes alentour, que ce soit dans la rue, dans les magasins, dans des réunions professionnelles, on vous remarque forcément avec votre chien.

Ce n'est pas évident pour tout le monde. Je suis d'un caractère plutôt réservé et savoir que tout le monde vous regarde partout où vous allez, ça peut être carrément flippant !

Je me rends compte qu'au fil du temps passé avec tous les chiens que j'ai eu la chance d'accompagner, j'ai beaucoup évolué, et cela grâce à eux. J'ai plus confiance en moi, j'ose plus prendre la parole en public, m'exprimer, aller vers les autres, débattre, dire « non ». Et tout cela c'est en partie grâce à l'expérience que j'ai acquise avec mes élèves chiens-guides.

Dans notre binôme humain/chien, nous nous apportons beaucoup mutuellement. Souvent on s'arrête sur ce que nous, la famille d'accueil, nous apportons aux chiens, mais sachez que les chiens nous apportent autant en retour.

Au-delà des compétences sociales que j'ai pu acquérir ou renforcer grâce à ces années aux côtés des élèves chiens-guides, c'est évidemment tout l'amour inconditionnel que ces animaux nous apportent qui m'a profondément marquée. Le chien n'est qu'amour, c'est tout. Il ne connaît pas la vengeance, la méchanceté, le mensonge. Comme on l'entend malheureusement trop souvent, il n'y a pas de « chien méchant », il y a des chiens qui ont peur, qui défendent leurs humains ou leurs ressources (nourriture, eau), il y a des chiens conditionnés à certains comportements ou au contraire, pas socialisés et craintifs, etc.

Mais la méchanceté est vraiment une notion inconnue chez le chien. Souvent on vous demande si votre chien est « gentil ou méchant », mais ce ne sont pas des termes appropriés, vraiment pas. Tous les chiens sont « gentils » et un chien gentil peut aboyer, voire mordre, ça n'enlève rien à sa gentillesse, c'est simplement une réaction face à un évènement dans un contexte particulier.

Être famille d'accueil c'est aussi, par la force des choses, représenter l'association de chiens-guides pour laquelle je suis bénévole. Ainsi, j'ai un rôle de représentation auprès du grand public, c'est important que le chien et la famille d'accueil se comportent correctement, car involontairement nous allons marquer l'esprit des personnes que nous allons rencontrer. Si mon chien se met à attraper un saucisson dans un supermarché, par exemple, les clients présents à ce moment-là vont avoir une mauvaise image du chien-guide, pensant que ce sont des chiens mal éduqués. Rassurez-vous, ça ne m'est jamais arrivé ! De même si une personne s'adresse à moi dans la rue pour me poser des questions sur le chien et que je lui réponds sèchement ou de manière agressive parce que je suis pressée ou contrariée, je laisserai chez cette personne une mauvaise image des familles d'accueil et de l'association. C'est la raison pour laquelle il est important pour les familles d'accueil de prendre conscience que, malgré nous, nous avons un rôle d'ambassadrices auprès du grand public.

C'est toujours intéressant pour moi de m'entretenir avec les personnes que je rencontre. Souvent j'ai pu rencontrer des donateurs pour les écoles de chiens-guides, pas forcément celle de Paris d'ailleurs, et ces personnes sont contentes de rencontrer un élève, en vrai, qu'on les informe sur notre quotidien et qu'on leur explique le processus d'éducation du chien-guide.

Souvent il m'arrive d'entendre des parents dire à leurs jeunes enfants « Tu vois ce chien, ce n'est pas un chien comme les autres, il est super intelligent, il va guider des aveugles, il apprend son futur métier ».

Les personnes sont souvent très reconnaissantes de ce qu'on fait et nous félicitent pour notre engagement, c'est toujours agréable à entendre !

L'envie d'aller plus loin et de se former

Partager mon quotidien avec les chiens m'a donné envie d'en apprendre plus. J'ai donc commencé à regarder des formations courtes accessibles dans le domaine canin. Mon objectif n'étant pas d'en faire une profession, mais d'approfondir mes connaissances en matière de santé, d'éducation et de comportement. Les mésaventures vétérinaires avec Roma ainsi que mes recherches sur la communication animale m'ont donné envie d'approfondir mes connaissances.

J'ai ainsi validé mon ACACED. L'ACACED est l'Attestation de Connaissances pour les Animaux de Compagnie d'Espèces Domestiques. C'est une formation très complète qui se déroule sur deux jours. L'ACACED est un socle de connaissances sur le chien et le chat qui traite de différents sujets tels que le droit, la législation, l'alimentation, le comportement, le logement, la santé, la reproduction, la sélection et le transport. Cette certification est obligatoire pour certaines professions comme pour être pet-sitter ainsi que pour certains emplois dans les refuges ou fourrières.

Par la suite, toujours animée par cette soif d'en connaître plus, j'ai suivi une formation en premiers secours canins et félins. C'est l'équivalent du diplôme de secouriste PSC1 pour les humains si vous voulez. Cette formation est utile pour toutes les personnes vivant avec des chiens et des chats car elle permet d'aborder les gestes de premiers secours en partant du cadre légal, de l'anatomie du chien et du chat, des paramètres physiologiques et de l'aspect psychologique lors des premiers secours. Des ateliers pratiques de mises en situation sont effectués afin de mettre en place la chaîne d'intervention : protéger, alerter et analyser, secourir. Enfin, il nous est également appris comment réagir en situation d'urgence respiratoire et cardiaque, et de traumatismes. Concrètement, j'ai appris comment prendre le pouls d'un chien ou d'un chat et quelle est la fréquence cardiaque normale d'un chat et d'un chien, comment effectuer du bouche à truffe, un massage cardiaque, comment réagir en cas d'étouffement, de noyade, de brûlure, de fracture, d'intoxication, de saignement abondant, comment reconnaître si l'animal est déshydraté, comment interpréter la couleur de ses muqueuses, etc. Attention, il s'agit bien là de gestes de premiers secours en attendant que l'animal soit pris en charge par un vétérinaire, en aucun cas une formation d'une journée ne saurait remplacer des professionnels, bien entendu.

Je vous recommande vivement ces deux formations, d'autant plus si vous partagez votre vie avec un animal.

Le verdict – La réforme

Il paraît que toutes les bonnes choses ont une fin. Il en va ainsi de nos binômes famille d'accueil/élève chien-guide. Nous donnons tout notre meilleur afin d'accomplir notre mission qui est d'amener le chiot à passer son certificat d'entrée en éducation, cela signifie qu'il est prêt pour entrer à l'école des chiens-guides. Mais cette école est très « select » et seuls les meilleurs élèves peuvent y entrer.

Pour en revenir à mon parcours avec Nani, ma première élève, au fil des mois, des incertitudes sur son avenir ont commencé à germer. Tout d'abord, elle ne supportait pas la solitude, elle faisait des petites dégradations quand je la laissais seule. Et puis, concernant son comportement, elle se montrait assez têtue, et enfin elle commençait à être sensible à certains bruits. Des petites choses qui peuvent néanmoins se travailler.

C'est alors que son éducatrice m'annonce que Nani est présélectionnée pour être potentiellement maman de futurs chiens-guides. En effet, depuis 2015, l'école a ouvert son propre centre d'élevage à Buc dans les Yvelines et ils renouvellent régulièrement les parents de ces futurs héros. Trois chiennes sont repérées, dont Nani, et nos trois duos (chien/famille d'accueil) sommes conviés à une réunion afin de nous présenter le centre d'élevage ainsi que les tests qui vont être réalisés avec nos chiennes. Je suis assez partagée suite à l'annonce de cette nouvelle. D'un côté je suis contente que Nani puisse faire des bébés, mais d'un autre côté je suis un peu déçue qu'elle ne devienne pas chienne guide, comme prévu initialement.

Ce rendez-vous au centre d'élevage nous a permis de visiter la maternité de l'école. Ce jour-là, il y avait une maman de race berger blanc suisse et ses adorables chiots âgés d'à peine deux mois. On dirait des petites peluches toutes blanches avec un poil tout doux et tout fluffy.

Les chiennes vont donc passer quelques jours au centre d'élevage afin de s'assurer qu'elles s'adaptent bien au lieu. Je laisse ainsi Nani pour quelques jours.

Finalement, après seulement une journée, je reçois un appel de la monitrice qui me dit qu'il y a eu un souci avec Nani, elle va bien, mais elle ne sera pas prise pour être maman. En effet, la coquine qui ne supporte pas la solitude, a réussi à sauter par-dessus le grillage des enclos et s'est présentée à l'accueil en aboyant sur l'agent d'accueil. Oups… Le test n'aura pas été concluant, vous l'aurez compris.

Pas grave, on reprend donc le cursus de futur chien-guide.

Oui mais voilà, ses petits soucis de comportement évoqués plus haut, plus la démonstration qu'elle a faite au centre d'élevage… tout cela n'est pas très bon. Sa monitrice me donne rendez-vous à l'école pour faire le point et c'est là qu'elle m'annonce que Nani est officiellement réformée. Grosse tristesse. Même si je m'y attendais un petit peu, j'avais toujours espoir que ces petits soucis se règlent avec le temps. L'annonce m'a fait beaucoup de peine, j'ai pleuré. J'ai ressenti comme un échec, un échec dans la mission qui m'avait été confiée, ça n'a pas été facile à encaisser.

Ensuite il a fallu l'annoncer à l'entourage. Certains étaient déçus aussi et d'autres plutôt contents que Nani passe sa vie en tant que chien de compagnie, et non chien-guide. Certains s'imaginent que la vie de chien-guide c'est une vie de travail sans repos alors que c'est loin d'être le cas. Le chien-guide guide son maître dans ses déplacements, en dehors de son domicile, principalement dans la rue, dans les magasins, au travail ou dans les transports en commun. Cela ne représente qu'environ 20 % de sa journée, selon l'activité de son bénéficiaire. Tout le reste du temps, il est un chien de compagnie tel que nous les connaissons.

Dans les cas de réforme, l'école va d'abord étudier la possibilité de proposer le chien dans une autre école, pour suivre un autre cursus, pour devenir par exemple chien d'alerte pour personnes diabétiques. Si ce n'est pas possible, l'école nous propose d'étudier si dans notre entourage nous connaissons une famille, ou si nous-mêmes nous pouvons adopter le chien.

Enfin, ils ont un système de liste d'attente de familles qui souhaitent adopter un chien-guide réformé. En effet, même s'ils ne poursuivent pas le cursus jusqu'au bout, ce sont de super chiens de compagnie, très bien éduqués, sociables, ayant eu un suivi vétérinaire régulier, stérilisés, etc. Le seul bémol est qu'ils ne sont pas habitués à rester seuls longtemps. Il faudra donc trouver une famille qui puisse soit l'emmener au travail, ou bien qui travaille à domicile ou de jeunes retraités, par exemple. En contrepartie, l'école demandera le versement d'une participation financière pour l'adoption.

Me concernant, il m'était impossible d'adopter Nani. Je travaille à temps plein, la pauvre n'aurait jamais supporté de rester seule toute la journée.

J'ai donc commencé à en parler autour de moi, à mes proches. Et j'ai trouvé ! Nani a été adoptée par les parents d'une très bonne amie à moi. C'est super, elle vit maintenant auprès de sa nouvelle famille en Savoie, avec de jeunes retraités. Elle profite des grands espaces et des longues balades quotidiennes. Et grâce à mon amie, j'ai régulièrement de ses nouvelles.

La séparation – La suite

Même si on le sait dès le départ, le jour où le chien s'en va est toujours un moment chargé en émotions.

Pour Nani, même si je savais que j'aurais de ses nouvelles, que je connaissais la famille qui allait l'adopter, cela reste une séparation.

Les premiers jours sont les plus difficiles. Comme lorsque le chien part en stage, ça me fait bizarre de me lever le matin et de ne pas être accueillie par le chien tout content de me revoir. Sauf que contrairement au stage, là je sais que le chien ne reviendra pas.

C'est pourquoi assez rapidement j'ai souhaité renouveler l'aventure en prenant un nouveau chiot.

J'ai d'abord eu Oasis en relais une dizaine de jours. Oasis sera finalement réformé.

Ensuite j'ai eu Olda, ma chouchoute ! Olda était une chienne tout le temps en demande de papouilles. Quand elle était couchée quelque part et que quelqu'un s'approchait d'elle, elle se mettait sur le dos à attendre les gratouilles sur le ventre, en mode « free hugs ».

Olda était une bonne élève. Lorsque sa monitrice m'a appris qu'elle allait rentrer en éducation, j'étais super fière d'elle.

Bien sûr c'est très difficile de se séparer de son chiot. On l'a éduqué, rassuré, protégé, soigné, chouchouté pendant près d'un an quotidiennement. Évidemment que c'est compliqué de se séparer de lui ou d'elle. Pour cela, nous sommes préparés. Déjà pendant les stages et relais que peut effectuer le chiot, nous apprenons la séparation. Ensuite, s'il n'est pas réformé, le chien passe son certificat d'entrée en éducation, cela signifie qu'il va rentrer à l'école pour terminer sa formation et apprendre à guider un déficient visuel. À ce moment-là quand j'ai appris qu'Olda rentrait à l'école, qu'elle était prête, en tant que famille d'accueil j'avais le droit de la récupérer les trois premiers week-ends pour une transition en douceur, pour elle comme pour moi ! Quand j'ai déposé Olda le lundi matin pour son premier jour d'entrée en éducation, ça m'a fait un petit pincement au cœur, un mélange de fierté et d'angoisse de séparation. Alors j'ai attendu vivement que le week-end arrive. J'ai profité au maximum de ces trois week-ends avec elle jusqu'au dernier jour, moment de faire ses adieux. Dur dur de se dire au revoir en sachant que c'est la dernière fois que je la verrai, a priori. Olda, elle, était toujours ravie d'arriver à l'école, elle savait qu'elle allait retrouver ses copains, son éducatrice, elle n'était pas malheureuse, c'est pour la famille d'accueil que c'est plus dur. Heureusement, son éducatrice me donnait régulièrement des nouvelles et m'envoyait des photos ainsi que des vidéos. C'est super de voir son chien évoluer, et surtout quand il commence à porter le harnais de guidage, quelle fierté, comme un enfant qui réussit ses études ! Et puis vient le moment où la formation se termine, Olda est certifiée chienne guide. Il ne reste plus qu'à effectuer la remise à son bénéficiaire. Olda est alors remise à une femme, mère de famille, exerçant un emploi. Olda l'accompagne quotidiennement dans ses déplacements.

Mais comme avec Olda nous avions ce lien particulier, j'ai eu le bonheur de la recroiser plusieurs fois avec sa bénéficiaire. Je vous ai parlé de la connexion particulièrement que j'avais avec elle. Comme si nos destins étaient liés : elle qui était auparavant dans une autre famille d'accueil, moi disponible au moment où l'école cherchait une famille relais en urgence et enfin, le fait de pouvoir la garder durant tout le cursus de famille d'accueil. Après sa remise, sa bénéficiaire m'a appelée, nous avons beaucoup échangé. On s'était dit qu'on se ferait un pique-nique à l'approche de l'été et puis il y a eu le Covid, le confinement, ensuite j'ai eu un nouveau chiot et finalement ça ne s'est pas fait. Mais j'ai eu le plaisir de revoir plusieurs fois Olda et sa bénéficiaire, par surprise, à l'école. Une fois, c'était un samedi matin, j'étais avec Phreeze en séance d'obéissance avec la monitrice et d'autres chiens avec leur famille et je vois un binôme déficient visuel/chien-guide qui franchit le portail de l'école, je reconnais immédiatement Olda et sa bénéficiaire. Elles venaient effectuer une détente organisée par l'école avec des bénévoles dans le bois de Vincennes. Quelle surprise ! J'étais si contente de revoir ma petite Olda, et encore si fière d'elle avec sa nouvelle famille. À une autre reprise j'ai eu l'occasion de recroiser Olda et sa famille lors des journées portes ouvertes de l'école, quel bonheur à chaque fois ! J'ai même eu l'occasion à mon travail de croiser un collègue de travail de la maîtresse d'Olda qui m'a dit qu'Olda était vraiment gâtée au bureau. Tous les matins elle a le droit de faire son petit tour, de jouer avant l'arrivée des collègues.

Après Olda, j'ai été famille relais pour Pipa. Pipa était dans une famille peu expérimentée qui avait du mal à la gérer. Pipa était une élève super, très énergique mais très obéissante aussi, elle adorait jouer à aller chercher la balle de tennis. Je devais garder Pipa quelques semaines. Et finalement, c'est à ce moment-là que nous avons été confinés. J'ai donc pu la garder encore quelques mois. Toujours pendant le confinement, l'école avait des chiots à remettre en familles, mais certaines s'étaient désistées en raison du confinement, justement. On m'a alors proposé de prendre un nouvel élève, en famille d'accueil cette fois. J'avais déjà Pipa avec qui je commençais le confinement, il fallait donc bien réfléchir car gérer le confinement en famille avec les enfants, Pipa en relais à la maison et ajouter à cela un nouveau chiot ça demande du travail. Mais ma décision a été vite prise, c'est avec plaisir que j'accueillerai ce nouvel élève !

C'est ainsi qu'est arrivée Phreeze. Comme les déplacements étaient interdits en raison du confinement, Phreeze m'a été « livrée » à domicile par l'école. Une toute jolie boule de poils, croisée Labrador et Golden, toute blanche. Phreeze et Pipa se sont très vite bien entendues. Clairement, avoir deux chiens à la maison, dont un chiot d'à peine trois mois, ce n'était pas de tout repos. C'était sport les deux à la maison. Il fallait sortir Phreeze toutes les 1 h 30 à 2 h pour lui apprendre la propreté, sans oublier de rédiger la fameuse « attestation de déplacement » imposée pendant le confinement. J'en ai rempli des documents ! Phreeze a beaucoup appris par mimétisme avec Pipa, notamment les besoins aux caniveaux. Heureusement, les deux chiennes étaient calmes la nuit, ça devait rassurer Phreeze qui était encore bébé de ne pas se retrouver seule et d'avoir Pipa à côté d'elle. Ce n'était pas toujours facile de gérer un duo, mais j'en garde de très bons souvenirs. Une fois j'ai dû me rendre à mon travail avec les deux chiennes, quel sketch ! Elles jouaient à se courir après en tournant tout autour de mon bureau. Il a fallu quelques minutes pour les canaliser. Après ça, je me suis dit « Plus jamais deux chiens en même temps ! ».

Et puis Pipa est partie en stage avant de retrouver sa famille d'accueil. J'ai poursuivi mon parcours avec Phreeze. C'était un chiot très sociable. Malgré le confinement, elle n'avait pas de sensibilité particulière, à part les escaliers mécaniques qui ont pris un peu de temps avant d'être acquis, mais elle a fini par les emprunter sans difficulté. Seulement Phreeze a fait deux épisodes allergiques non expliqués et elle sera finalement réformée.

À nouveau, sentiment d'échec, déception. Cependant, une très bonne amie à moi avait carrément craqué sur Phreeze ! Pourtant elle en a connu d'autres de mes élèves, mais avec Phreeze elle avait un lien particulier. Elle espérait secrètement que Phreeze soit réformée. Alors quand je lui ai annoncé qu'elle était réformée, elle a tout de suite voulu l'adopter. Étant donné sa situation familiale et professionnelle, elle rentrait dans les critères d'adoption de l'école. Elle a donc rempli le dossier adéquat et effectué les formalités nécessaires pour l'adoption. Nous nous sommes donc toutes retrouvées à l'école pour l'adoption officielle : Phreeze, mon amie, la monitrice et moi-même. Et cette fois-ci, Phreeze n'est pas repartie avec moi, mais elle est partie dans sa nouvelle maison, avec sa famille pour la vie.

Et ce n'est pas tout. Vous vous souvenez que Nani, ma première élève, a été adoptée par les parents d'une amie et bien il s'agit de la même amie ! Nani et Phreeze ont donc été adoptées dans la même famille par deux générations différentes ! Mon amie va régulièrement rendre visite à ses parents en Savoie et les deux chiennes s'entendent à merveille.

Après Phreeze, j'ai bien sûr souhaité renouveler l'aventure avec un nouvel élève ! En attendant l'arrivée d'un nouveau chiot, l'école m'a proposé un nouveau relais d'une quinzaine de jours. C'est ainsi que Roan a passé quelques jours à la maison. Roan était un chien magnifique. Un immense Labrador noir. Il attirait les regards tellement il était grand et beau. En plus, c'était un super élève, tellement attachant. Un jour, un automobiliste s'est même arrêté alors que je le promenais dans la rue pour me dire qu'il était magnifique.

C'est ensuite que Roma est arrivée dans la famille. Roma, un petit Labrador sable avec des yeux magnifiques. Je vous ai raconté nos péripéties avec Roma, c'est elle qui a eu tous ces problèmes de santé, bactéries, opérations de la queue, etc. Roma sera réformée, sans trop de surprise. Oui, encore un chien réformé, ça commence à faire beaucoup et à me miner un peu le moral. Pendant toute la période des opérations avec Roma, j'étais en contact avec une famille rencontrée sur les réseaux sociaux. Cette famille avait vraiment flashé sur Roma, un coup de cœur à distance. La famille avait déjà un chien-guide réformé d'une dizaine d'années. Quand je leur ai annoncé que Roma était officiellement réformée, ils ont tout de suite rempli le dossier pour l'adopter. Roma vit désormais avec eux, à la campagne, dans une grande maison avec de grands espaces verts, de quoi bien se dépenser !

L'aventure se poursuit avec un nouvel élève en relais. Cette fois-ci, c'est Swing que nous avons accueilli, notre premier chiot 100 % Golden Retriever. Swing avait sept mois, un chien adorable. Il est venu passer une dizaine de jours à la maison afin de se familiariser avec les enfants. En effet, Swing vivait avec un homme seul, sans enfant, et il était craintif lorsqu'il croisait des enfants. À la maison, son séjour s'est super bien passé avec les enfants et avec tout le monde. Aujourd'hui, Swing est sélectionné pour être futur mâle reproducteur, un futur papa de chiens-guides !

Et nous voilà avec mon dernier élève en date, le grand Sparrow. Sparrow est un mâle croisé Labrador et Golden retriever. Quand j'ai récupéré Sparrow à l'école, c'était un vendredi et je récupérais également Roma pour un dernier week-end avant son adoption. J'avais donc, durant deux jours, Roma et Sparrow à la maison. Sparrow a tout de suite pris Roma pour sa mère, il essayait même de la téter ! Roma était très patiente avec lui. Ils jouaient ensemble et dormaient ensemble collés l'un à l'autre. Sparrow a toujours été un chien super cool, un gros pépère tranquille. Il se pose facilement, il écoute bien, malgré qu'il ait le côté têtu des Goldens. Et aussi c'est un vrai clown, il adore se coucher sur le dos et jouer avec la balle de tennis qu'il tient avec ses deux pattes avant tendues. Sparrow est entré à l'école, il est en formation pour devenir chien-guide, il passe la semaine à l'école et je le récupère le week-end à la maison. Il est à l'école sur le site de Buc situé dans les Yvelines où se trouve également le centre d'élevage. Alors, j'ai eu plusieurs fois la chance de rencontrer les chiots de la maternité et de pouvoir profiter d'un bain de chiots, plein de petits bébés labradors qui se jettent sur moi et qui mordillent tout sur leur passage : lacets, doigts, vêtements…

Anecdotes

Cet ouvrage touche à sa fin. Je pense que maintenant vous en connaissez davantage sur l'éducation d'un chien-guide, enfin, du point de vue de la famille d'accueil.

Il ne me reste plus qu'à vous raconter quelques anecdotes que j'ai vécues au cours de ces années de bénévolat.

Partager sa vie au quotidien avec un chien, de plus un chiot, n'est pas toujours une partie de plaisir. Chaque jour et chaque chien révèle son lot de surprises.

Nani, par exemple, était sujette aux flatulences. Chacun ses petits tracas. Je me souviens d'un jour, alors que nous étions à mon travail, en réunion d'analyse de pratiques, d'un coup je vois le psychiatre se lever subitement de sa chaise et lâcher un « oh putain ! » et se précipiter pour ouvrir la fenêtre. On a tous été surpris, on se demandait ce qu'il se passait et très vite on a senti. On a compris. Nani avait pété. Et toutes les personnes qui vivent avec des chiens le savent, le pet d'un chien a une odeur bien particulière et puissante. Ce sont des petits aléas qui arrivent. Il lui est aussi déjà arrivé de péter alors que j'étais dans mon bureau en entretien avec un usager. Dans ces cas-là, j'hésite toujours entre faire comme si de rien n'était, ou bien ouvrir la fenêtre en excusant le chien qui a pété, tout en me disant qu'il y a des chances que mon interlocuteur pense que je lui raconte n'importe quoi et s'imagine que c'est moi la fautive.

Sinon, les petits pipis dans les magasins arrivent de temps en temps avec les jeunes chiots. Même si, quand ils sont très jeunes, je veille à ce qu'ils aient bien fait leurs besoins avant d'aller dans un endroit couvert (magasin, centre commercial, etc.) il m'est arrivé plusieurs accidents avec mes chiens. J'ai même eu Roma qui, à peine arrivée dans un grand centre commercial, s'est accroupie et a commencé à faire caca. Dans ce cas, à part avoir terriblement honte, pas grand-chose à faire. J'attends qu'elle ait fini, je ramasse, je nettoie (toujours avoir des lingettes sur soi en plus des sacs à caca !) et je sors pour lui proposer de faire ses besoins à l'extérieur. Évidemment elle n'a plus envie. Ensuite je retourne, ni vue ni connue, dans le centre commercial en faisant comme si rien ne s'était passé, tout en sachant pertinemment que de toute façon avec les caméras de vidéosurveillance je suis grillée. J'ai eu des chiens qui m'ont fait des pipis dans des hypermarchés. J'ai dû mettre trop de temps à faire les courses. À chaque fois, grosse honte, hop je déballe le paquet de mouchoirs absorbants, les lingettes nettoyantes, le tout bien emballé dans un sac à crottes, je suis très efficace dans ces cas-là, je vais au plus vite en espérant que le moins de personnes possibles me verra. Heureusement, dans ces moments-là, jusqu'à maintenant, je ne suis tombée que sur des gens sympathiques, ouf !

Dans la rubrique « ton chien te fout la honte », j'ai eu aussi le chien qui vomit en public. Nani avait tendance à vomir de la bile. Ça lui est arrivé plusieurs fois lors de nos pauses déjeuner au travail, d'un coup la chienne commence à avoir des spasmes bien spécifiques du chien qui va vomir et ça ne loupe pas, petit dégueulis de bile devant tes collègues dégoûtés. Bon appétit !

Sparrow n'a vomi qu'une seule fois, mais alors, ça valait le coup ! Nous étions chez nos voisins, Sparrow partait souvent jouer au fond de leur jardin. Ils ont trois chats. Au moment où nous étions tous à l'apéritif, à l'intérieur, Sparrow commence à avoir des spasmes et sort un énorme vomi, toutes les crottes de chat qu'il avait mangées dans le jardin, beurk !

J'ai vécu aussi de merveilleux moments avec eux. Parfois le chien n'est pas un boulet, mais plutôt un passe-droit. J'ai assisté à un concert avec Sparrow et grâce à lui j'étais super bien placée ! Il m'a évité quelques files d'attente, même si généralement quand on me propose je refuse, mais si la personne insiste, je ne vais pas la vexer.

J'ai même eu des « cadeaux » quand je me suis rendue dans un célèbre magasin de cookies, on m'en a offert pour saluer ma « bonne action ».

Dans le petit supermarché en face de mon travail, où j'ai l'habitude de me rendre le midi pour m'acheter de quoi déjeuner, mes chiens et moi-même sommes toujours très bien accueillis et certains ont carrément eu des sachets de friandises en cadeau.

Autre anecdote, mais cette fois-ci je n'avais pas de chien, il était à l'école. En rentrant de vacances, alors que nous étions en voiture sur l'autoroute, subitement le fils de mon mari ne se sent pas bien et nous dit qu'il a mal au cœur. Impossible de s'arrêter immédiatement, trop dangereux et pas le temps d'attendre une aire d'autoroute. Et là, heureusement que j'ai toujours un sac à caca dans mes poches ! Je l'ai vite sorti et il a pu vomir dedans à temps. Ce jour-là, ça nous a sauvé la voiture.

Certains de mes élèves ont pu faire la rencontre de personnages publics, l'occasion de prendre la pause pour une photo, ils ont pu se faire papouiller par des personnalités de la télé ou de la musique que nous avons eu la chance de croiser.

Sparrow a même été au ministère du Travail avec moi et a pu avoir une caresse du ministre.

Et enfin, l'expérience la plus originale pour moi est celle du tournage avec Sparrow, quelle star celui-là !

Les incontournables questions

Il y a des questions ou idées reçues qui reviennent inlassablement lorsqu'on est une famille d'accueil. Avant de clore ce livre, j'y réponds ici, ce sont les principales remarques que me font généralement les personnes que j'ai l'occasion de croiser avec mes élèves chiens-guides :

— Vous ne devez pas trop vous attacher au chien pour pouvoir le rendre après ?

Vous avez pu le ressentir à la lecture de ce livre, bien sûr que si, on s'attache, on les aime. C'est tout le contraire. Nous leur donnons de l'amour puissance mille, un concentré d'amour parce que nous savons que nous n'avons qu'une seule année à passer avec eux.

— Ce n'est pas trop dur de le rendre après ?

Oui, c'est difficile, mais nous savons dès le départ que nous ne sommes qu'une étape dans la vie du chien. Lorsque notre mission est terminée, nous avons de la tristesse, mais aussi de la fierté, un sentiment d'accomplissement. Et même si le chien est réformé, nous sommes heureux d'avoir pu partager cette année avec lui. Ce n'est pas la même peine que lors de la perte d'un animal quand il décède. Là, notre élève va poursuivre sa vie, son parcours tel que prévu dès le départ, et nous savons qu'il sera entre de bonnes mains.

— Et pour vos enfants, ils ne sont pas trop tristes de s'en séparer ?

Tout comme pour les adultes, au moment de la séparation, le chien laisse un grand vide. En revanche, on explique bien dès le départ aux enfants qu'il ne s'agit pas de « notre » chien, mais qu'on le garde seulement quelques mois et qu'ensuite il poursuivra son parcours ailleurs. Les enfants ont une grande capacité d'adaptation et ils comprennent très bien à partir du moment où on leur explique.

— Le chien-guide travaille tout le temps, ça ne doit pas être drôle comme vie ?

Nos petits élèves sont bichonnés, couverts de caresses et d'amour du premier au dernier jour que l'on passe avec eux. Non, ils ne sont pas malheureux. Ils passent toute la journée avec leur famille d'accueil, et plus tard avec leur bénéficiaire, ils ne sont jamais seuls. Ils ne « travaillent » que 20 % du temps et ils aiment ça ! Je vous invite à consulter mes réseaux sociaux, croyez-moi que beaucoup d'humains aimeraient bien avoir la « vie de chien » de nos petits élèves. Ils partent en vacances à la mer, à la campagne, à la montagne, vont se balader en forêt toutes les semaines, se font papouiller tous les jours, rencontrent plein de monde et de congénères, une bien belle vie de chien !

Épilogue

Nous sommes fin 2023 au moment où j'écris ces dernières lignes. Sparrow est entré en éducation depuis le mois de mai 2023 et je le récupère les week-ends, mais cela devrait bientôt prendre fin puisque d'ici la fin de l'année il va passer son certificat d'aptitude au guidage et sera remis à son futur bénéficiaire.

J'ai eu l'occasion et le plaisir de croiser à nouveau Olda et sa bénéficiaire lors de la journée portes ouvertes de l'École de Chiens Guides de Paris en septembre dernier. Une chose est sûre c'est qu'elle m'a bien reconnue, j'ai eu le droit à une fête incroyable, quel bonheur !

Le film Dogman pour lequel Sparrow a été figurant est sorti en salle en France le 27 septembre 2023. Nous sommes allés le regarder au cinéma avec Sparrow et on le voit apparaître furtivement quelques dixièmes de secondes à la fin du film, bravo Sparrow !

Enfin, j'accueille un nouvel élève depuis le mois d'octobre, Umbo, un mâle Labrador noir, un élève très prometteur qui adore les câlins et apprend très vite. Alors le week-end, quand je récupère Sparrow, avec les deux chiens à la maison, c'est la fête, pas le temps de s'ennuyer ! Avec Umbo une nouvelle page s'écrit. Retour à zéro : apprentissage de la propreté, des règles de base, socialisation, séances d'éducation, etc., une nouvelle aventure commence pour mon plus grand bonheur !

Remerciements

Je souhaiterais en tout premier lieu remercier ces merveilleux élèves chiens-guides de m'avoir permis de vivre cette expérience intense à leurs côtés. Merci pour tout l'amour qu'ils m'ont donné au quotidien.

Merci aux salariés et bénévoles des écoles de chiens-guides et particulièrement au personnel de l'École de Chiens Guides de Paris pour sa confiance : les moniteurs, les éducateurs, les animaliers, les agents d'accueil et toute l'équipe.

Merci à ma famille de m'accepter avec mes petites pièces jointes à chaque fois !

Merci à mes fidèles amis d'accepter les traces de pattes, les poils et la bave de chien que mes élèves partagent avec eux.

Merci à mes super collègues de travail pour l'accueil formidable qui est toujours réservé à mes élèves.

Merci aux commerçants qui me soutiennent par leur accueil extra.

Merci aux inconnus, aux passants pour les échanges toujours bienveillants.

Merci aux donateurs pour le soutien indispensable dans cette merveilleuse aventure.

Merci à vous lecteurs pour votre intérêt envers la cause des chiens-guides.

Merci à l'univers de me permettre de vivre cette aventure d'une immense richesse.

Imprimé en Allemagne
Achevé d'imprimer en novembre 2023
Dépôt légal : novembre 2023

Pour

Le Lys Bleu Éditions
40, rue du Louvre
75001 Paris